合奏的力量

高职院校课程育人的价值生成与实践行动

陈洁瑾 著

东南大学出版社
SOUTHEAST UNIVERSITY PRESS
·南京·

图书在版编目(CIP)数据

合奏的力量:高职院校课程育人的价值生成与实践行动/陈洁瑾著. -- 南京:东南大学出版社,2025.2. --ISBN 978-7-5766-1280-6

Ⅰ. G711

中国国家版本馆 CIP 数据核字第 2025LA3332 号

合奏的力量:高职院校课程育人的价值生成与实践行动

Hezou De Liliang: Gaozhi Yuanxiao Kecheng Yuren De Jiazhi Shengcheng Yu Shijian Xingdong

著　　者:陈洁瑾
出版发行:东南大学出版社
出 版 人:白云飞
地　　址:南京市四牌楼 2 号　邮编:210096　电话:025-83793330
网　　址:http://www.seupress.com
经　　销:全国各地新华书店
印　　刷:广东虎彩云印刷有限公司
开　　本:700 mm × 1000 mm　1/16
印　　张:12
字　　数:235 千字
版　　次:2025 年 2 月第 1 版
印　　次:2025 年 2 月第 1 次印刷
书　　号:ISBN 978-7-5766-1280-6
定　　价:48.00 元

本社图书若有印装质量问题,请直接与营销部联系。电话:025-83791830

责任编辑:刘庆楚　责任校对:子雪莲　封面设计:王 玥　责任印制:周荣虎

前　言

2019年3月18日，习近平总书记主持召开学校思想政治理论课教师座谈会并发表重要讲话，指出"思想政治理论课是落实立德树人根本任务的关键课程""思政课作用不可替代，思政课教师队伍责任重大"。同时，习近平总书记还提出思想政治理论课改革创新要坚持"八个相统一"，其中包括"要坚持显性教育和隐性教育相统一，挖掘其他课程和教学方式中蕴含的思想政治教育资源，实现全员全程全方位育人"。这是自2016年习近平总书记在全国高校思想政治工作会议上提出"使各类课程与思想政治理论课同向同行，形成协同效应"以来，对推进"思政课程"与"课程思政"有机结合，也就是"课程育人"的再次强调。

高职教育是不同于普通高等教育的类型教育。根据《国家职业教育改革实施方案》（2019）的精神，高职教育作为优化高等教育结构和培养大国工匠、能工巧匠的重要方式，人才培养目标正逐步实现"高技能型人才"向"高素质技术技能人才"的转变，"立德树人"的时代使命更为艰巨。长期以来，思政课程在高职院校思想政治教育中发挥着主阵地作用，以"星星之火"点燃青年学生的理想信念，助力学生"扣好人生第一粒扣子"。在新时代的使命召唤下，思想政治教育必须因事而化、因时而进、因势而新，不仅要充分发挥思政课程在高职院校铸魂育人工作中的关键作用，还要将处于不断互动调整中的思政课程显性教育和课程思政隐性教育有机结合，充分发挥两者的思想政治教育功能和育人优势，形成协同效应。高职院校的思想政治教育必然从"小思政"的点状结构走向"大思政"的立体格局。

2019—2023年，本人工作岗位调整至马克思主义学院，长期的教育学学科学习经历以及近十年的学生思想政治教育工作经历让我对"课程思政"领域的研究与实践产生了极大的兴趣。初识"课程思政"这个词,就好像见到了"熟悉的陌生人",不禁回忆起当年师范学习期间接触到的"学科德育",我认定它是一个教育学问题,是适合在高职院校马克思主义学院深耕的领域。于是,我重新翻开已经发黄的经典教育学著作,追寻"教书育人"的本质,探究"课程育人"的价值,并依托马克思主义学院这一教学和科研平台,开启了理论研究和实践探索之旅。当时,高职院校对于"课程思政"的研究和应用方兴未艾,相对滞后于本科高校。研究者普遍关注厘清"课程思政"的概念,对运用"课程思政"理念实施专业课程教学的实践策略探索不够,对"课程思政"的系统性思考尚显不足。高职院校应该如何去认识"课程思政",如何推进"课程思政"落地,如何将"思政课程"与"课程思政"有效协同……一系列问题出现在我的脑海中。没过多久,我起草了学校第一份推进"课程思政"改革试点的文件,提出课程的"双负责人"机制(即每一门课程由专业课程负责人+思想政治教育工作者共同建设),在"摸着石头过河"的试验中探索"课程思政"的建设规律和有效路径。我提出了"思政"与"专业"双向奔赴的理念,推进以服务专业人才培养为目标的思政课程教学改革,组织了学校第一次"思政课程与课程思政协同创新研讨会",让"思政+专业"的思政课程与"专业+思政"的专业课程碰撞出了创新协同的火花。作为学校课程思政研究中心、卓雅通识教育创新研究中心成员,我先后立项并完成了江苏省2020年度高校哲学社会科学研究专题项目"高职院校'课程思政'的愿景构建与生成路径研究"(2020SJB0405)、无锡商业职业技术学院2022年度校级课题课程思政重点项目"高职院校课程思政立体化评价体系的构建研究"(KJXJ22311)。作为主要成员参与申报的"思政课程与课程思政协同创新研究团队"获评江苏省2020年高校哲学社会科学优秀创新团队,参与2022年中国高校产学研创新基金——山石网科网络安全项目"网络安全课程思政示范项目的探索和实践"(2022HS006)。诸多研究项目的持续积累促成了本研究成果的产出。

近年来,本人以"高职院校"为研究范围,立足高职院校特有的教育使命和人才培养模式,结合多年来在学生管理、教学管理、后勤管理多岗位锻炼的经历,在理论研究和实践探索中形成了一些自己的想法和观点。本书详细梳理了高职院校的教育使命与思想政治教育目标演变、高职院校思想政治教育的改革与发展,厘清高职院校思政课程与课程思政协同的价值旨归,结合基础教育中的"学科德育"探讨课程思政的立体式贯通,提出课程思政的目标愿景与生成路径,努力构建"矩阵式"课程育人共同体,搭建高职院校思政课程与课程思政协同育人的六大支持系统,在实践中尝试"思政+专业"双向互动的教学设计。希望这些研究能够引发大家对这个话题的思考,让教育回归本源,让思想政治教育回归自然。

也借此机会感谢在撰写书稿的过程中给予我大力支持的家人、朋友和同事。感谢家人的理解,让我腾出干家务的时间见缝插针地写作;感谢朋友的鼓励,让我这个"误入文科"的理科思维者鼓足勇气开启了"码字模式";感谢团队负责人杨建新教授的悉心指导,感谢孙硕、江增光、邓姗、陈敏锋、侯玉、刘祎、付裕、李元熙、杜纪魁等优秀教师参与"思政课程与课程思政"协同实践,为专项研究提供了丰富而精彩的课堂教学案例,给我带来了深刻的启迪和思考。

"思政课程与课程思政"协同育人规律的凝练和应用本身就是"实践、认识、再实践、再认识"的螺旋上升的过程,并且最终需要落实到教学实施中才有其真正的价值和意义。让我们一起努力,将这些抽象的理论内化为自觉的具体教学行动,赋予每一节课"育人"的生命力量。

目 录

第一章 高职院校的教育使命与思想政治教育目标演变 ……… 1
第一节 高职教育的时代使命：从实用型人才到高素质技术技能人才 …………………………………………………………… 2
一、20 世纪 80 年代至 90 年代初：以培养"技术型人才"为目标 …………………………………………………………… 2

二、20 世纪 90 年代中期至 90 年代末：以培养"实用型人才"为目标 …………………………………………………………… 3

三、20 世纪 90 年代末至 21 世纪初：以培养"应用型人才""技能型人才"为目标 …………………………………………… 4

四、21 世纪初至 2011 年：以培养"高技能型人才"为目标 …… 5

五、2012 年至今：以培养"高素质技术技能型人才"为目标 …… 6

第二节 高职院校思想政治教育目标的演变 …………………… 9
一、20 世纪 80 年代：培养社会主义"四有新人" …………… 9

二、20 世纪 90 年代：培养"四个统一"的社会主义事业建设者和接班人 …………………………………………………… 11

三、21 世纪初：培养德智体美全面发展的"四个新一代" …… 11

四、2012 年至今：培养坚定"四个自信"担当民族复兴大任的时代新人 …………………………………………………… 12

第二章 从思政课程到课程思政：高职院校思想政治教育的改革与发展 ………………………………………………………… 14
第一节 高职院校"思政课程"设置的历史沿革 ……………… 15

　　　　一、从"53方案"到"64方案"：专科层次"思政课程"课程群
　　　　　　建设的初步探索和曲折发展…………………………………… 16
　　　　二、从"78方案"到"05方案"：高职院校"思政课程"课程群
　　　　　　建设的逐步成熟与改革创新…………………………………… 18
　　　　三、新时代高职院校"思政课程"课程群建设………………… 21
　　第二节　高职院校"课程思政"的全景式理解……………………… 26
　　　　一、各类课程同向同行："课程思政"呼之欲出………………… 26
　　　　二、隐性思想政治教育："课程思政"的本质属性 ……………… 28
　　　　三、"课程思政"落地生根：从学术探讨到国家政策 ………… 34
　　　　四、"课程思政"的实质：一种课程观 ………………………… 35

第三章　课程育人：高职院校思政课程与课程思政协同的价值旨归
………………………………………………………………………… 39

　　第一节　课程育人：思政课程与课程思政的内在统一 …………… 40
　　　　一、铸魂育人：课程的终极价值追求……………………………… 40
　　　　二、课程思政与思政课程在育人层面的内在统一性…………… 42
　　第二节　高职教育"价值引导"功能的复位………………………… 44
　　　　一、教育的本质：知识传递＋价值引导 ………………………… 44
　　　　二、课程育人：高职教育"价值引导"功能的复位……………… 47

第四章　立体式贯通：从学科德育到课程思政 ……………………… 49
　　第一节　德育与思想政治教育的概念辨析…………………………… 50
　　　　一、德育和思想政治教育的概念辨析……………………………… 51
　　　　二、大中小学思想政治教育一体化趋势中理解"德育与思想政治
　　　　　　教育"………………………………………………………… 57
　　第二节　大中小学课程思政一体化：从学科德育到课程思政
　　　　……………………………………………………………………… 58
　　　　一、从学科德育发展成果中迁移课程思政建设方略…………… 58
　　　　二、义务教育阶段课程标准中的学科德育体系设计逻辑……… 61
　　　　三、大中小学课程思政一体化：从学科德育到课程思政……… 62

第五章　高职院校课程思政的目标愿景与生成路径 ………………… 72

第一节 高职教育变革与思想政治教育的适应性 …………… 73
一、高职教育跨越式发展带来的三大变革 ………………… 73
二、高职教育的铸魂育人使命：培养"完整的人" ………… 75
三、高职院校的学生特征：共性与个性并存 ……………… 77
四、高职院校思想政治教育的逻辑理路 …………………… 78

第二节 高职院校课程思政的目标与路径 ………………… 81
一、提取核心素养：目标取向的高职院校"课程思政"愿景
   ………………………………………………………………… 81
二、挖掘类别特征：精细化分类推进高职院校"课程思政"
   ………………………………………………………………… 88
三、关注创设生成：过程取向的高职院校"课程思政"范式
   ………………………………………………………………… 91

第三节 产教融合视域下的高职院校课程思政建设 ……… 95
一、产教融合：高职教育的鲜明特征 ……………………… 95
二、企业必然成为"课程思政"的重要"参与者" ………… 96

第六章 "思政课程+课程思政"：构建"矩阵式"课程育人共同体
   ………………………………………………………………… 100

第一节 思政课程与课程思政协同育人的理论基础 ……… 101
一、协同学理论：思政课程与课程思政协同可以实现"1+1＞2"
   效应 ………………………………………………………… 101
二、教育生态学理论：课程在思想政治教育生态系统中需要实现
   健康互动 …………………………………………………… 102

第二节 构建高职院校"课程育人"共同体 ……………… 103
一、高职院校"课程育人"共同体的基本特征 …………… 104
二、超越思政课程：高职院校"课程育人"共同体的生成 …… 104
三、构建"矩阵式"的课程育人共同体 …………………… 106

第七章 同频共振：高职院校思政课程与课程思政协同育人 110

第一节 顶层设计的政策支持系统 ………………………… 111
一、发挥高职院校党委的"战略指挥"功能 ……………… 111

二、发挥高职院校教务处的"战术引领"功能……………112
三、发挥高职院校二级教学单位的"战斗攻坚"功能………112

第二节　德才兼备的教师支持系统……………………………113
一、理念支持：全体教师要强化课程育人意识……………113
二、能力支持：全体教师要锤炼课程育人能力……………114
三、师德支持：全体教师要提升个人师德修养……………115

第三节　培根铸魂的教材支持系统……………………………117
一、加强党的领导，坚持马克思主义指导地位，站稳"中国立场"…………………………………………………118
二、扎根中国大地，体现马克思主义中国化时代化最新要求，阐释"中国经验"…………………………………119
三、传承文化基因，体现中国和中华民族风格，打上"中国烙印"…………………………………………………120
四、坚持"五育"并举，体现党和国家对教育的基本要求，适应"中国速度"…………………………………………120
五、引领价值选择，体现国家和民族基本价值观，擦亮"中国底色"…………………………………………………121
六、需要博采众长，体现人类文化知识积淀和创新成果，展现"中国智慧"…………………………………………121

第四节　多维立体的评价支持系统……………………………122
一、价值理性：高职院校课程思政评价的应然指向………122
二、高职院校课程思政评价的关键要素分析………………124
三、全景观照：高职院校课程思政四维评价体系构建……125

第五节　生动鲜活的实践资源支持系统………………………129
一、校地合作，挖掘地方精神文化资源……………………131
二、校企联动，挖掘优秀行业企业资源……………………133
三、自我沉淀，建设校本化的实践资源……………………135

第六节　开放多样的数字生态支持系统………………………137
一、数字化组织：跨界融合的虚拟教研室…………………137
二、数字化平台：基于知识图谱"思政课程与课程思政"素材资源库建设…………………………………………138

三、数字化场景：虚拟仿真与增强现实实践场景的应用………139

第八章　经典案例："思政＋专业"双向奔赴中的教学改革
………………………………………………………………… 142

第一节　"奔跑"中的"思政课程与课程思政协同"…………143

第二节　分众化："思政明线＋专业暗线"的思政课程教学设计
………………………………………………………………… 144

案例1：解青春之惑　叩问人生基本问题 …………………145

案例2：让中国精神照亮逐梦征程 …………………………148

案例3：寻青春意义　创造有价值的人生 …………………152

第三节　情感化："专业明线＋思政暗线"的专业课程教学设计
………………………………………………………………… 156

案例1：关税业务的"前世今生" …………………………157

案例2：神奇的摩尔斯码 ……………………………………160

案例3：点燃创新的火花：小吸管窥探大世界 ……………163

案例4：解密网络攻击技术　守护网络空间安全 …………166

参 考 文 献 …………………………………………………… 170

第一章　高职院校的教育使命与思想政治教育目标演变

在全面建设社会主义现代化国家新征程中,职业教育前途广阔、大有可为。要坚持党的领导,坚持正确办学方向,坚持立德树人,优化职业教育类型定位,深化产教融合、校企合作,深入推进育人方式、办学模式、管理体制、保障机制改革,稳步发展职业本科教育,建设一批高水平职业院校和专业,推动职普融通,增强职业教育适应性,加快构建现代职业教育体系,培养更多高素质技术技能人才、能工巧匠、大国工匠。

——习近平对职业教育工作作出重要指示(2021年)

第一节　高职教育的时代使命：从实用型人才到高素质技术技能人才

《辞海》中"职业教育"被定义为是"给予学生从事某种生产劳动所需的知识技能的教育"[①]。《教育大辞典》中关于"职业教育"的概念，阐释为："传授某种职业或生产劳动知识技能的教育"[②]。从这两个传统的定义不难看出，脱胎于学徒制的职业教育长期以来着重强调的是"知识"和"技能"。

改革开放40多年来，我国高职教育得到高度重视，其人才培养目标随着时代变迁和经济社会发展而不断调整。

一、20世纪80年代至90年代初：以培养"技术型人才"为目标

改革开放以后，随着经济社会快速发展对高层次技术人才需求日益增加，党中央明确提出要大力推动高职教育发展。1982年教育部发布《中国短期职业大学和电视大学发展项目报告》，对职业大学及其培养目标做出了初步的界定，指出："职业大学是根据地方需要，按照灵活的教学计划招收自费走读生，使学生将来可以担任技术员的工作。"[③] 1985年《中共中央关于教育体制改革的决定》（简称《决定》）明确了职业教育体制改革的具体方案，提出"逐步建立起一个从初级到高级、行业配套、结构合理又能与普通教育相互沟通的职业技术教育体系"，新中国职业教育发展进入了新阶段。《决定》指出，大力发展职业技术教育，青少年在初中和高中进行两次分流，初中毕业生一部分升入普通高中，一部分接受高中阶段的职业技术教育；高中毕业生一部分升入普通大学，一部分接受高等职业技术教育。"高等职业技术教育"首次被提及。《决定》还提出"社会主义现代化建设不但需要高级科学技术专家，而且迫切需要千百万受过良好职业技术教育的中、初级技术人员、管理人员、技工和其他受过良好职业培训的城乡劳动者"。要在以中等职业技术教育为重点的基

---

① 辞海编辑委员会.辞海[M].上海：上海辞书出版社，1980：1817.
② 顾明远.教育大辞典（简编本）[M].上海：上海教育出版社，1999：613.
③ 刘英杰.中国教育大事典[M].杭州：浙江教育出版社，1993：1808.

础上积极发展高等职业技术院校,力争职业技术教育有一个大的发展。① 1986年《关于各类职业技术学校学制的暂行规定(讨论稿)》对各级各类职业院校的人才培养目标做了详细阐述,提出职业技术专科学校与职业大学培养"较高级技术员和相应层次的技术、管理人员"。1987年《国家教育委员会关于改革和发展成人教育的决定》②提出"举办高等职业技术教育,为企业事业单位培养生产、经营管理方面的专业技术人才"。1991年《国务院关于大力发展职业技术教育的决定》指出"积极推进现有职业大学的改革,努力办好一批培养技艺性强的高级操作人员的高等职业学校"③,强调努力办好高职教育,并明确了职业教育的定位和作用。

二、20世纪90年代中期至90年代末:以培养"实用型人才"为目标

20世纪90年代,我国改革开放进入新的阶段,社会主义市场经济体制逐步建立和完善,随着生产方式转型对劳动者素质提出新要求,国家开始关注培养发展社会主义市场经济急需的各类实用型人才。1994年《国务院关于〈中国教育改革和发展纲要〉的实施意见》指出:"职业教育的培养目标应以培养社会大量需要的具有一定专业技能的熟练劳动者和各种实用人才为主。"④ 1995年,"科教兴国战略"首次被提出。同年,国家教委召开发展全国高等职业教育研讨会时明确指出,高职教育的任务是培养在生产服务第一线工作的高层次实用人才。为认真贯彻《中国教育改革和发展纲要》及其实施意见,《国家教委关于进一步改革和发展成人高等教育的意见》⑤中关于"积极发展高职教育"的精神,国家教委决定在一部分有条件的成人高等学校试办高职教育,印发《关于成人高等学校试办高等职业教育的意见》,明确"成人高等学校试办的高等职业教育是培养德、智、体全面发展的,实用性、技能性较强

---

① 中共中央关于教育体制改革的决定[J].宁夏教育,1985(07):5.
② 国务院批转《国家教育委员会关于改革和发展成人教育的决定》的通知[J].中华人民共和国国务院公报,1987(18):624.
③ 国务院关于大力发展职业技术教育的决定[J].中华人民共和国国务院公报,1991(36):1258.
④ 国务院关于《中国教育改革和发展纲要》的实施意见[J].中华人民共和国国务院公报,1994(16):717.
⑤ 国务院办公厅转发国家教委关于进一步的改革和发展成人高等教育意见的通知[J].中华人民共和国国务院公报,1993(03):108.

的生产、工作第一线的专科层次技术(含管理、操作、服务等)人才,毕业生应掌握职业岗位所要求的专业(技术)理论,具有较高的职业技能和实际工作能力"。1996年《中华人民共和国职业教育法》正式颁布,提出"实施职业教育必须贯彻国家教育方针,对受教育者进行思想政治教育和职业道德教育,传授职业知识,培养职业技能,进行职业指导,全面提高受教育者的素质"[①]。同年,经国务院批准,国家教委、国家经贸委和劳动部联合召开第三次全国职业教育工作会议,明确提出积极发展高等职业教育,进一步健全职业教育体系,规定高等职业教育优先培养满足基层一线和农村地区需求的实用型人才。1998年《面向21世纪教育振兴行动计划》提出:"高等职业教育必须面向地区经济建设和社会发展,适应就业市场的实际需要,培养生产、服务、管理第一线需要的实用人才,真正办出特色。"[②]以普通高中毕业生为主要生源的高职教育逐步占据高等教育的"半壁江山",培养实用型人才的重心得到进一步明确。

三、20世纪90年代末至21世纪初:以培养"应用型人才""技能型人才"为目标

1998年国家教委印发的《面向二十一世纪深化职业教育教学改革的原则意见》提出:"职业教育要培养同21世纪我国社会主义现代化建设要求相适应的,具备综合职业能力和全面素质的,直接在生产、服务、技术和管理第一线工作的应用型人才。"[③]1999年教育部、国家计委印发的《试行按新的管理模式和运行机制举办高等职业技术教育的实施意见》指出,要"促进我国高等教育更好地适应经济建设和社会发展需要,加快培养面向基层,面向生产、服务和管理第一线职业岗位的实用型、技能型专门人才的速度,缓解应届高中毕业生的升学压力"[④]。出现了"技能型专门人才"的提法。同年,《中共中央国务院关于深化教育改革全面推进素质教育的决定》首次明确提出:"要大力发展高等职业教育,培养一大批具有必要理论知识和较强的实践能力,生产、建设、管理、

---

① 中华人民共和国职业教育法[J].中华人民共和国国务院公报,1996(16):625.
② 国务院批转教育部面向21世纪教育振兴行动计划的通知[J].中华人民共和国国务院公报,1999(02):45.
③ 面向二十一世纪深化职业教育教学改革的原则意见[J].中国职业技术教育,1998(03):14.
④ 教育部、国家计委关于印发《试行按新的管理模式和运行机制举办高等职业技术教育的实施意见》的通知[J].教育部政报,1999(Z1):85.

服务第一线和农村急需的专门人才。"①首次提出"大力发展高等职业教育"，我国高等职业教育的培养规格得以明确，并伴随着高校扩招进入规模化发展阶段。为进一步优化人才培养结构，平衡基础型、学术型和应用型人才的比例，2000年《国务院办公厅关于国务院授权省、自治区、直辖市人民政府审批设立高等职业学校有关问题的通知》提出："高等职业学校要办出特色和效益。高等职业学校的主要任务，是面向地方和社区经济建设和社会发展，适应就业市场的实际需要，培养生产、服务、管理第一线岗位需要的应用型、技能型专门人才。"②同年，《教育部关于加强高职高专教育人才培养工作的意见》指出："高职高专教育是我国高等教育的重要组成部分，培养拥护党的基本路线，适应生产、建设、管理、服务第一线需要的，德、智、体、美等方面发展的高等技术应用性专门人才；学生应在具有必备的基础理论知识和专门知识的基础上，重点掌握从事本专业领域实际工作的基本能力和基本技能，具有良好的职业道德和敬业精神。"③2002年《国务院关于大力推进职业教育改革与发展的决定》首次提出建立"结构合理、灵活开放、特色鲜明、自主发展的现代职业教育体系"④，明确"培养一大批生产、服务第一线的高素质劳动者和实用人才"的目标任务。

四、21世纪初至2011年：以培养"高技能型人才"为目标

教育部《2003—2007教育振兴行动计划》指出"技能型人才是推动技术创新和实现科技成果转化的重要力量"，提出"大力发展职业教育，大量培养高素质的技能型人才特别是高技能人才"⑤的一系列重要举措。2004年《教育部关于以就业为导向深化高等职业教育改革的若干意见》提出，高等职业院校要"坚持培养面向生产、建设、管理、服务第一线需要的'下得去、留得住、

---

① 中共中央、国务院关于深化教育改革全面推进素质教育的决定[J].中华人民共和国国务院公报，1999(21)：871.

② 国务院办公厅关于国务院授权省、自治区、直辖市人民政府审批设立高等职业学校有关问题的通知[J].中华人民共和国国务院公报，2000(07)：9.

③ 教育部关于印发《教育部关于加强高职高专教育人才培养工作的意见》的通知[J].教育部政报，2000(05)：209.

④ 国务院关于大力推进职业教育改革与发展的决定[J].中华人民共和国国务院公报，2002(29)：10.

⑤ 国务院批转教育部2003—2007年教育振兴行动计划的通知[J].中华人民共和国教育部公报，2004(04)：6.

用得上',实践能力强、具有良好职业道德的高技能人才"①。2005年国务院印发《关于大力发展职业教育的决定》,加强了对职业教育工作的领导和支持,明确提出我国职业教育要"以服务社会主义现代化建设为宗旨,培养数以亿计的高素质劳动者和数以千万计的高技能专门人才"②。2006年教育部《关于全面提高高等职业教育教学质量的若干意见》指出:"高等职业教育作为高等教育发展中的一个类型,肩负着培养面向生产、建设、服务和管理第一线需要的高技能人才的使命,在我国加快推进社会主义现代化建设进程中具有不可替代的作用。"2011年《教育部关于充分发挥行业指导作用 推进职业教育改革发展的意见》提出:"加快建立健全政府主导、行业指导、企业参与的办学机制,推动职业教育适应经济发展方式转变和产业结构调整要求,培养大批现代化建设需要的高素质劳动者和技能型人才。"③2011年《教育部关于推进高等职业教育改革创新引领职业教育科学发展的若干意见》指出:"高等职业教育具有高等教育和职业教育双重属性,以培养生产、建设、服务、管理第一线的高端技能型专门人才为主要任务。"④这一时期,高职院校的培养目标就是高技能型人才。

五、2012年至今:以培养"高素质技术技能型人才"为目标

2012年教育部印发《国家教育事业发展第十二个五年规划》指出,要"完善职业教育的层次、布局和结构""系统培养初级、中级和高级技术技能人才",明确"中等职业教育重点培养现代农业、工业、服务业和民族传统工艺振兴需要的一线技术技能人才;高等职业教育重点培养产业转型升级和企业技术创新需要的发展型、复合型和创新型的技术技能人才。完善高等职业教育层次,建立高级技术技能人才和专家级技术技能人才培养制度"⑤。2014年《国

---

① 教育部关于以就业为导向深化高等职业教育改革的若干意见[J].中国职业技术教育,2004(19):6.
② 国务院关于大力发展职业教育的决定[J]. 中华人民共和国国务院公报,2005(35):34.
③ 教育部关于充分发挥行业指导作用 推进职业教育改革发展的意见[J].中华人民共和国国务院公报,2012(02):13.
④ 教育部关于推进高等职业教育改革创新引领职业教育科学发展的若干意见[J].中华人民共和国国务院公报,2012(11):20.
⑤ 教育部关于印发《国家教育事业发展第十二个五年规划》的通知[J].中华人民共和国国务院公报,2012(28):30.

务院关于加快发展现代职业教育的决定》进一步明确了现代职业教育的主要目标是"培养数以亿计的高素质劳动者和技术技能人才"。2014年教育部等六部门印发的《现代职业教育体系建设规划（2014—2020年）》明确指出，职业教育要"培养数以亿计的工程师、高级技工和高素质职业人才，传承技术技能，促进就业创业，为建设人力资源强国和创新型国家提供人才支撑"①。2019年国务院印发《国家职业教育改革实施方案》（简称"职教20条"）明确了职业教育与普通教育是两种不同教育类型，职业教育就是要着力培养高素质劳动者和技术技能人才。在"加强党对职业教育工作的全面领导"的要求里特别强调"各类课程与思想政治理论课同向同行，努力实现职业技能和职业精神培养高度融合"。2021年，习近平总书记对职业教育工作作出重要指示强调，在全面建设社会主义现代化国家新征程中，职业教育前途广阔、大有可为。要坚持党的领导，坚持正确办学方向，坚持立德树人，优化职业教育类型定位，深化产教融合、校企合作，深入推进育人方式、办学模式、管理体制、保障机制改革，稳步发展职业本科教育，建设一批高水平职业院校和专业，推动职普融通，增强职业教育适应性，加快构建现代职业教育体系，培养更多高素质技术技能人才、能工巧匠、大国工匠。2022年，《职业教育法（修订）》第二条对职业教育给予明确界定："本法所称职业教育，是指为了培养高素质技术技能人才，使受教育者具备从事某种职业或者实现职业发展所需要的职业道德、科学文化与专业知识、技术技能等职业综合素质和行动能力而实施的教育，包括职业学校教育和职业培训。"②党的二十大召开之后，中共中央办公厅、国务院办公厅印发《关于深化现代职业教育体系建设改革的意见》明确："坚持和加强党对职业教育工作的全面领导，把推动现代职业教育高质量发展摆在更加突出的位置，坚持服务学生全面发展和经济社会发展，以提升职业学校关键能力为基础，以深化产教融合为重点，以推动职普融通为关键，以科教融汇为新方向，充分调动各方面积极性，统筹职业教育、高等教育、继续教育协同创新，有序有效推进现代职业教育体系建设改革，切实提高职业教育的质量、适应性和吸引力，培养更多高素质技术技能人才、能工巧匠、大国工匠，为加快建设教育

---

① 教育部等六部门关于印发《现代职业教育体系建设规划（2014—2020年）》的通知[EB/OL].http://www.moe.gov.cn/srcsite/A03/moe_1892/moe_630/201406/t20140623_170737.html.2014-6-23.

② 中华人民共和国职业教育法[EB/OL].https://www.gov.cn/xinwen/2022-04/21/content_5686375.htm.2022-04-21.

强国、科技强国、人才强国奠定坚实基础。"①培养高素质技术技能人才是新时代高职教育的重要任务。

在政治、经济、社会、文化等多重因素的影响下,高职教育的人才培养目标在不同的历史时期呈现不同的表述,对人才培养规格的价值选择存在工具理性与价值理性从失衡到融合的过程。高职教育,作为直接满足参与生产、建设、管理、服务第一线需要的教育类型,曾经在很长一段时期内为了适应经济社会的高速发展,在顶层设计上将学生作为"工具人"来培养,呈现出工具理性越位与价值理性式微的情况。无论是培养"实用型人才""应用型人才"还是"技能型人才",教育的重点长期放在了"技术"层面,没有面向培养"完整的人"。在人才培养目标的引导下,原有的课程体系建构、内容选择、培养方式都围绕提升岗位知识和技能开展,带有强烈的工具理性色彩。

党的十八大以来,职业教育作为国民教育体系和人力资源开发的重要组成部分得到党和国家的高度重视。职业教育从层次教育走向类型教育、从政府主体走向多元参与、从规模扩张走向内涵发展,不断提高对经济社会发展的适应能力。"高素质"成为职业教育人才培养目标中的一个关键词。我们在很多场合都可以看到"高素质"这个词,如高素质教师队伍、高素质农民、高素质干部队伍、高素质劳动者、高素质公民。"高素质技术技能人才"中的"高素质"到底是什么内涵?值得我们探讨。

以现行《职业教育法》中关于职业教育人才培养目标的表述作为权威:"实施职业教育应当弘扬社会主义核心价值观,对受教育者进行思想政治教育和职业道德教育,培育劳模精神、劳动精神、工匠精神,传授科学文化与专业知识,培养技术技能,进行职业指导,全面提高受教育者的素质。""使受教育者具备从事某种职业或者实现职业发展所需要的职业道德、科学文化与专业知识、技术技能等职业综合素质和行动能力而实施的教育。"前述内容中的"职业道德""劳动精神""科学文化与专业知识""技术技能"四个方面,应该是对"高素质技术技能人才"在人才规格方面的进一步解释,提出了职业教育人才培养的四个关键素质。职业教育的"高素质"应该是这四个方面关键素质的高水平体现,也就是具有高尚的职业道德、积极的劳动精神、丰富的科学文

---

① 中共中央办公厅、国务院办公厅印发《关于深化现代职业教育体系建设改革的意见》[J].中华人民共和国教育部公报,2023(Z1):2.

化、扎实的专业知识和娴熟的技术技能。"高素质"所体现的是党和国家对职业教育高质量发展的要求，也是对类型教育在经济社会高质量发展中理应发挥的重要作用的体现。职业教育只有培养"高素质"人才，才能提高与区域人才需求的匹配度，才能提高对区域经济发展的适应性。显然，"高素质"的内涵十分丰富，"高素质"首先是思想政治素养的"高"，其中包含"课程思政"的目标要求，也是"课程思政"的应然使命。高职院校课程思政通过深入挖掘不同课程中的思政元素，不断增强思想政治教育的合力，构建具有高职院校特色的课程思政体系，能够有效赋能"高素质"人才培养，为学生的成长成才奠定坚实的思想根基。

第二节　高职院校思想政治教育目标的演变

一个时代有一个时代的主题，一代人有一代人的使命。高职教育无论是高等教育的层次还是类型教育，都在持续回应时代对青年大学生的要求，努力回答"培养什么人、怎样培养人、为谁培养人"这一教育的根本问题。思想政治教育目标是指"一定社会对教育所要造就的社会个体在思想政治品德方面的质量和规格的总的设想"[①]，是考量思想政治教育实效性的依据和标尺。高职院校的思想政治教育目标就是结合高职教育的使命，结合高职院校学生特点提出的适应性要求。

一、20世纪80年代：培养社会主义"四有新人"

1978年党的十一届三中全会的胜利召开拉开了我国改革开放的大幕。以邓小平同志为核心的党的第二代中央领导集体作出把党和国家工作中心转移到经济建设上来，实行改革开放的历史性决策，并重新确立了党的实事求是的思想路线和马克思主义的组织路线，思想政治教育逐步走向正轨。1980年5月26日，时任中共中央副主席的邓小平给《中国少年报》和《辅导员》杂志题词："希望全国的小朋友，立志做有理想、有道德、有知识、有体力的人，立志为

---

① 本书编写组.思想政治教育学原理(第二版)[M].北京:高等教育出版社,2018:154.

人民作贡献,为祖国作贡献,为人类作贡献。"《人民日报》1982年5月4日发表的社论《当代青年的历史使命》中把邓小平的题词延伸为:"培养青年成为有理想、有道德、有文化、有纪律、有强健体魄的新一代。这不仅是学校和共青团的责任,而且要靠所有家庭和整个社会的共同努力。"1982年7月4日,邓小平《在军委座谈会上的讲话》指出:"搞社会主义精神文明,主要是使我们的各族人民都成为有理想、有道德、有文化、守纪律的社会主义新人。"1982年9月6日中共十二大通过的《中国共产党章程》总纲里明确写道:"中国共产党领导人民在建设高度物质文明的同时,建设高度的社会主义精神文明。应当大力发展教育、科学、文化事业,用共产主义思想教育党员和人民群众,抵制和克服资本主义腐朽思想、封建主义残余思想和其他非无产阶级思想,努力使我国人民成为有理想、有道德、有文化、有纪律的人民。"1985年,全国共青团思想政治工作会议提出:"要加强和改进新时期的青年思想政治工作,在四化建设的伟大实践中培养和造就一代有理想、有道德、有文化、有纪律的共产主义新人。"1986年4月12日颁布的《中华人民共和国义务教育法》要求:"培养有理想、有道德、有文化、有纪律的社会主义建设人才。""四有新人"成为这一时期党和国家对公民的基本要求,阐明了这一时期理想人格的标准,当然也是高职院校的思想政治教育基本目标。1987年《中共中央关于改进和加强高等学校思想政治工作的决定》具体提出:"高等学校培养出来的大学生应当有坚定正确的政治方向,爱祖国、爱社会主义,拥护共产党的领导,努力学习马克思主义;应当热心于改革和开放,有艰苦奋斗的精神,努力为人民服务,为实现具有中国特色的社会主义现代化而献身;应当自觉地遵纪守法,有良好的道德品质;应当勤奋学习,努力掌握现代科学文化知识。"[①]由此,高职院校思想政治教育目标在社会主义"四有新人"的宏观要求下得以具体化。高职院校培养的人才是否具备这些素质、是否德才兼备、是否满足社会主义建设的实际需要,是衡量办学成效的基本标准,也是教育教学改革的基本遵循。

---

① 本书编写组.中华人民共和国学校思想政治理论课重要文献选编(上册)[G].北京:人民出版社,2022:694.

二、20世纪90年代：培养"四个统一"的社会主义事业建设者和接班人

党的十三届四中全会以后，以江泽民同志为核心的党的第三代中央领导集体强调把教育摆在优先发展的战略地位，提出"素质教育""立德树人""以人民群众为本"的教育目标，高度重视青年的思想政治教育，其目标取向也逐渐从"优先社会发展"向"关注人的发展"转变。1993年中共中央、国务院印发的《中国教育改革和发展纲要》指出，"教育改革和发展的根本目的是提高民族素质，多出人才，出好人才"①。1995年《中华人民共和国教育法》指明："教育必须为社会主义现代化建设服务，必须与生产劳动相结合，培养德、智、体等方面全面发展的社会主义事业的建设者和接班人。"1998年江泽民在北京大学百年校庆的讲话中向广大青年提出"四个统一"的要求，1999年中共中央、国务院《关于深化教育改革，全面推进素质教育的决定》再次强调，"全面推进素质教育，要面向现代化、面向世界、面向未来，使受教育者坚持学习科学文化与加强思想修养的统一，坚持学习书本知识与投身社会实践的统一，坚持实现自身价值与服务祖国人民的统一，坚持树立远大理想与进行艰苦奋斗的统一"②。《中共中央关于加强和改进思想政治工作的若干意见》（1999）明确"越是深化改革、扩大开放、发展社会主义市场经济，越要重视思想政治工作。""学校的思想政治工作要围绕培养社会主义事业建设者和接班人的根本任务来进行。"③这一时期，"培养社会主义事业建设者和接班人"是高等教育的根本任务，"四个统一"进一步丰富了"四有"新人的内涵，从成才标准和实践路径两个维度解答了如何塑造社会主义新人的问题。高职院校的思想政治教育目标更加具象化，发展指向更加明确，现实针对性更加鲜明。

三、21世纪初：培养德智体美全面发展的"四个新一代"

党的十六大以来，随着科学发展观的提出，"以人为本"成为新世纪大学

---

① 教育部思想政治工作司.加强和改进大学生思想政治教育重要文献选编(1978—2014)[G].北京：知识产权出版社，2015：127.

② 教育部思想政治工作司.加强和改进大学生思想政治教育重要文献选编(1978—2014)[G].北京：知识产权出版社，2015：191.

③ 本书编写组.中华人民共和国学校思想政治理论课重要文献选编(下册)[G].北京：人民出版社，2022：967.

生思想政治教育目标定位的全新视角。

2004年中共中央、国务院联合印发的影响特别深远的"16号文件",即《关于进一步加强和改进大学生思想政治教育的意见》提出,大学生思想政治教育要"以理想信念教育为核心,以爱国主义教育为重点,以思想道德建设为基础,以大学生全面发展为目标""坚持以人为本、贴近实际、贴近生活、贴近学生""培养德智体美全面发展的社会主义合格建设者和可靠接班人"。[①]

2007年5月4日,胡锦涛同志向中国青年群英会致信,勉励广大青年:"努力成为理想远大、信念坚定的新一代,品德高尚、意志顽强的新一代,视野开阔、知识丰富的新一代,开拓进取、艰苦创业的新一代。"[②]同年5月28日,中共中央宣传部、教育部、共青团中央《关于学习胡锦涛总书记向中国青年群英会致信精神的通知》明确提出:"从培养社会主义事业合格建设者和可靠接班人的高度出发,围绕建设社会主义核心价值体系,按照'四个新一代'的要求引导广大青年学生健康成长。"[③]这一时期,在"争夺下一代"的斗争日益复杂、西方文化思潮和价值观念不断涌入和冲击的严峻形势下,高职院校的思想政治教育目标定位为在"培养社会主义事业合格建设者和可靠接班人"的宏观要求下培养德智体美全面发展的"四个新一代"。显而易见,"合格"和"可靠"两个词是这一阶段宏观要求的新表述,是对建设者和接班人"坚持走中国特色社会主义道路"的政治立场的基本要求,也是确保中国特色社会主义事业兴旺发达、后继有人的基本保证。德智体美全面发展的"四个新一代"是在新的历史条件下对"四有新人"的进一步丰富和发展。

四、2012年至今:培养坚定"四个自信"担当民族复兴大任的时代新人

党的十八大以来,我国坚持统筹发展和安全,协调推进"四个全面"的战略布局,改革开放和社会主义现代化建设取得历史性成就。特别是党的十九大揭示了我国发展新的历史方位,即"中国特色社会主义进入了新时代",并

[①] 教育部思想政治工作司.加强和改进大学生思想政治教育重要文献选编(1978—2014)[G].北京:知识产权出版社,2015:266.

[②] 胡锦涛致信中国青年群英会强调:全面建设小康社会的历史任务需要青年们奋勇承担 中华民族伟大复兴的光明前景需要青年们奋力开创[N].人民日报,2007-05-05.

[③] 教育部思想政治工作司.加强和改进大学生思想政治教育重要文献选编(1978—2014)[G].北京:知识产权出版社,2015:360.

首次提出"培养担当民族复兴大任的时代新人"①,呼唤青年大学生以更高的政治站位、更强的使命担当,自觉把个人理想追求融入国家和民族发展的伟大事业之中。2017年《关于加强和改进新形势下高校思想政治工作的意见》提出,"高校肩负着人才培养、科学研究、社会服务、文化传承创新、国际交流合作的重要使命",高职院校也不例外,要求以"培养又红又专、德才兼备、全面发展的中国特色社会主义合格建设者和可靠接班人"为己任。2019年3月18日在学校思想政治理论课教师座谈会上,习近平总书记强调,要"努力培养担当民族复兴大任的时代新人,培养德智体美劳全面发展的社会主义建设者和接班人"②。2019—2020年,中共中央办公厅、国务院办公厅印发的《关于深化新时代学校思想政治理论课改革创新的若干意见》以及《教育部等八部门关于加快构建高校思想政治工作体系的意见》对"努力培养担当民族复兴大任的时代新人,培养德智体美劳全面发展的社会主义建设者和接班人"这一目标任务再三强调。2023年3月5日下午,习近平总书记来到十四届全国人大一次会议江苏代表团参加审议时,勉励教育工作者:"要善于从五千年中华传统文化中汲取优秀的东西,同时也不摒弃西方文明成果,真正把青少年培养成为拥有'四个自信'的孩子。""四个自信",是党和国家对新时代青少年的殷切期望,也是赋予各级各类学校思想政治教育的时代使命,是培养中国特色社会主义建设者和接班人的坚实根基。进入新时代,高职教育在国家经济社会发展中的地位进一步凸显,高职院校发展进入快车道,高职院校的思想政治教育责任重大。高职院校的思想政治教育伴随着"新时代"的步伐踏上新征程、肩负新使命,因事而化、因时而进、因势而新,"培养坚定'四个自信'担当民族复兴大任的时代新人"成为符合时代发展、彰显时代底色、推动时代进步的坚定目标。

---

① 习近平在中国共产党第十九次全国代表大会上的报告[N].人民日报,2017-10-28.
② 习近平谈治国理政(第三卷)[M].北京:外文出版社,2020:328.

第二章　从思政课程到课程思政：高职院校思想政治教育的改革与发展

要用好课堂教学这个主渠道，思想政治理论课要坚持在改进中加强，提升思想政治教育亲和力和针对性，满足学生成长发展需求和期待，其他各门课都要守好一段渠、种好责任田，使各类课程与思想政治理论课同向同行，形成协同效应。

——《把思想政治工作贯穿教育教学全过程　开创我国高等教育事业发展新局面》（2016年）

第一节 高职院校"思政课程"设置
的历史沿革

　　思政课程,即思想政治理论课,是落实立德树人根本任务的关键课程。思政课程是高职院校开展思想政治教育的主渠道,是帮助大学生树立正确世界观、人生观、价值观的重要途径。思政课程反映的是我国主流意识形态的价值规范和理想信念,具有鲜明的意识形态属性,担负着为党育人、为国育才的重要使命。

　　新中国成立以后,党和国家高度重视思政课程建设,无论其课程类别名称如何变化,即从"高校马克思主义政治理论课"到"高校思想品德课",再到"高校两课",又到"高校思想政治理论课",都不是以独立开设某一门课程来行使教育使命,而是以搭建"课程群"的方式部署,将若干门在知识、方法、问题等方面有逻辑联系,内容上密切相关、相承、渗透的课程加以整合形成系列课程。该课程群在回答好"培养什么样的人、如何培养人、为谁培养人"这一教育的根本问题,履行好培养中国特色社会主义事业的合格建设者和可靠接班人的时代使命中发挥着不可替代的"价值引领"功能。

　　思想政治理论课是高职院校开展思想政治教育的显性课程。2005年,国务院学位委员会、教育部印发《关于调整增设马克思主义理论一级学科及所属二级学科的通知》,马克思主义理论一级学科正式设立,思想政治教育成为马克思主义理论的二级学科。现如今,大家在看到"思想政治理论课"这个名词时的本能反应就是,这个课程群应该是以马克思主义理论为核心知识的课程体系。那高职院校的思想政治理论课的内容到底经历了怎样的变化?从这些变化中我们能否捕捉到高职院校思想政治教育工作的中心任务?时代是思想之母,实践是理论之源。在不同的历史时期,思想政治理论课作为"价值引领"的主阵地,随着党和国家中心任务的变化显然需要进行及时的适应性调整,具有明显的历史性和时代性特征。

　　在我国高等教育和职业教育的发展过程中,曾经对专科层次的院校统称为"高职高专",也就是高等职业学院和高等专科学校的合称。高等职业学院偏向于专业技能的实践教育；高等专科学校则更侧重于基础理论文化教育，教学内容和本科教育相比深度和广度上有所差异。为更加清晰地把握高职院校"思政课程"设置的历史演变过程，本节将以新中国成立为起点，从广义上的专科层次教育进行追溯。

一、从"53方案"到"64方案"：专科层次"思政课程"课程群建设的初步探索和曲折发展

（一）初步探索阶段（1949—1956）："中国革命史+1"课程

新中国成立初期，我国处于新民主主义革命向社会主义革命转变的关键期。1950年教育部发布《关于实施高等学校课程改革的决定》，要求全国高校开设"新民主主义的革命的政治课程"。1952年全国高校院系调整之后，教育部印发《关于全国高等学校马克思列宁主义、毛泽东思想课程的指示》，要求三年的专科学校开设课程以及先后次序与工、农、医等专门学院相同，依照第一、二年级次序分别开设"新民主主义论""政治经济学"课程。二年的专科学校不修"政治经济学"，二年的专修科第一年级以及一年的专修科均修"新民主主义论"，二年以上财经性质的专科学校或专修科第一年级可同时开设"政治经济学"。同时，要求各类型高等学校及专修科（一年的专修科除外）自1953年起开设"马列主义基础"课程，学习时数与"政治经济学"相同，进而形成了"53方案"，专科层次"思政课程"课程群构建进入了"从无到有"的初步探索。1953年，高等教育部下发《关于改"新民主主义论"为"中国革命史"及"中国革命史"的教学目的和重点的通知》，要求各高校将"新民主主义论"课程改为"中国革命史"。1956年9月，高等教育部颁布《关于高等学校政治理论课程的规定（试行方案）》，首次规定按照年级开设思政课程，要求各高校一年级开设"马列主义基础"，二年级开设"中国革命史"，三年级开设"政治经济学"，四年级开设"辩证唯物主义与历史唯物主义"，讲授与课堂讨论学时比例为4∶1或者5∶1。所有二年制专修科只开中国革命史，三年制专修科除了开设中国革命史之外可根据专业性质开设马列主义基础或政治经济学或辩证唯物主义与历史唯物主义。这就是"56方案"。"56方案"是对"53方案"的

进一步发展。①

（二）曲折发展阶段（1957—1976）：新增"形势和任务"课程

这一时期，"思政课程"课程群搭建不断变动并最终遭到严重破坏。1957年12月，高等教育部、教育部发出《关于全国高等学校开设社会主义教育课程的指示》，在全国高等学校各年级普遍开设"社会主义教育"课程。根据"各班级在学习社会主义教育课程期间，原应开设的四门政治课一律停开"的要求，学校只保留了"社会主义教育"这一门课，以毛泽东的《关于正确处理人民内部矛盾的问题》的报告为中心教材，同时阅读一些必要的马克思列宁主义经典著作和文献。1958年4月，教育部在《对高等学校政治教育工作的几点意见（草稿）》中规定各类高校（二年制的专修科除外）一律开设"马列主义基础"（即当时所开的"社会主义教育"课程，代替过去的"苏共党史"和"中国革命史"两门课程）、"政治经济学"、"辩证唯物主义与历史唯物主义"课程，"思政课程"课程群恢复原有设置。1961年4月，教育部在《改进高等学校共同政治理论课程教学的意见》中规定，高校共同政治理论课程包括"马克思列宁主义基础理论""形势和任务"两部分，其中"形势和任务"是各专业各年级的必修课程（"形势与政策"课的源头）。同时，该《意见》对不同年制的学校、不同专业提出不同的思政教育要求，高校文科各专业一般开设"中共党史""马克思列宁主义基础（主要学习毛泽东同志的政治学说）""政治经济学""哲学"；理工科专业和艺术体育院校开设"中共党史""马克思列宁主义概论（包括马克思主义三个组成部分）"；专科学校开设"马克思列宁主义概论"。这就是"61方案"。专科层次"思政课程"课程结构就是"1+1"的形式。1964年9月，中宣部、教育部在《关于改进高等学校、中等学校政治理论课的意见》中要求，高校政治理论课必须坚决贯彻"少而精"的原则改进课程和教材，同时把宣传毛泽东思想作为最根本的任务，要求高等学校"共同政治理论课"除继续开设"形势与任务"课外，设置"中共党史""哲学""政治经济学"等课，形成了"64方案"。②

1966年，因高校停止招生，包括思政课程在内的所有课程停止开设。

---

① 本书编写组.中华人民共和国学校思想政治理论课重要文献选编（上册）[G].北京：人民出版社，2022：68-265.

② 本书编写组.中华人民共和国学校思想政治理论课重要文献选编（上册）[G].北京：人民出版社，2022：284-361.

1971年高校复课后,高校思政课程以《共产党宣言》《国家与革命》等作为主要授课内容。1972年,中断8年的高校思政课程重新恢复,设立了"马克思主义哲学""政治经济学""中共党史"三门课程,但课程内容中歪曲之处不胜枚举。随着形势的变化,1975年后,高校思政课程建设再次受到严重冲击,教研室被拆散。①

二、从"78方案"到"05方案":高职院校"思政课程"课程群建设的逐步成熟与改革创新

(一)全面恢复阶段(1977—1983):以"78方案"为代表自选2-3门过渡性方案

1978年4月,全国教育工作会议在北京召开。在这次会议上,教育部办公厅发布《〈关于加强高等学校马列主义理论教育的意见〉征求意见稿》,提出高校开设马列主义课的设置和学时问题,史称"78方案"。"78方案"规定,高等学校的马列主义理论课一般应开设"辩证唯物主义与历史唯物主义""政治经济学""中国共产党党史"。文科院校增设"国际共产主义运动史",理工农医专业有条件的增设"自然辩证法"课程。

1980年7月,教育部印发《改进和加强高等学校马列主义课的试行办法》,对本专科马列主义课作出明确规定,本科应开设"中共党史""政治经济学""哲学",文科专业增设"国际共产主义运动史",或尝试开设"科学社会主义";二年制专科开设一至二门马列主义课,三年制专科则需开设二至三门马列主义课。文件还对马列主义理论课的地位和任务、教学方针、学时、大纲和教材、教学制度、教学环节和教学方法、科学研究、教研室建设等方面作出系统规定。该试行办法的颁布,标志着高校思政课程得以全面恢复。②

"78方案"的显著特点是其过渡性。"78方案"结束了"文革"期间"以阶级斗争为纲"的教学内容,突出了为社会主义现代化服务的内容。但当时教学、教材、师资等都还存在不少问题,因此,其过渡性特征比较明显。③

---

① 黄艳,成黎明.高校思想政治理论课70年建设历程及启示——以党和政府印发的系列重要政策文件为视角[J].文化软实力,2020(01):14-22.

② 本书编写组.中华人民共和国学校思想政治理论课重要文献选编(上册)[G].北京:人民出版社,2022:471-504.

③ 廖宇婧,李银霞.新中国成立以来高校思想政治理论课设置的历史沿革及其启示[J].黑龙江高教研究,2012(11):149-151.

(二)改革创新阶段(1984—1996):以"85方案"为代表形成"两课"模式

1984年,中共中央宣传部、教育部发布了《关于加强和改进高等院校马列主义理论教育的若干规定》,要求纠正一切轻视马列主义理论课的错误倾向,并着手准备在全国高等院校增设"中国社会主义建设基本问题"课程。1985年,第一次高校马列主义理论课教学改革座谈会在北京召开。此次会上,中央要求增加"中国社会主义建设基本问题"(后改称为"中国社会主义建设")这一课程,并将"中共党史"课又改称为"中国革命史"课。同年,中共中央正式发布《关于改革学校思想品德和政治理论课程教学的通知》。该文件对高校马克思主义理论课程设置提出一些重要的改革要求。国家教委根据中央文件精神,在课程设置上将"老四门"改为"新四门",也就是用"中国革命史""中国社会主义建设""马克思主义原理"和"世界政治经济与国际关系"(文科开设)代替了原来的"中共党史""政治经济学""哲学"和"国际共运史"(文科开设)。

在1984年教育部《关于在高等学校开设共产主义思想品德课的若干规定》以及1986年国家教委《关于在高等学校开设法律基础课的通知》两份文件的指导下,高等学校增设"共产主义思想品德课""法律基础课",与四门马克思主义理论课程并列。[1]"85方案"最显著的特点就是增加了思想品德课程,形成了"两课"的课程群模式。而"两课"概念的正式出现是"85方案"提出十年之际,1995年国家教育委员会发布《关于高校马克思主义理论课和思想品德课教学改革的若干意见》首次明确"两课"称谓,把马克思主义理论课和思想品德课置于一体。文件要求二年制和三年制大专分别开设二至三门马克思主义理论课和思想品德课,并分别不少于100课时和150课时。

(三)逐步完善阶段(1997—2003):以"98方案"为代表突出马克思主义中国化理论成果的"三进"工作

1997年召开的党的十五大提出"高举邓小平理论伟大旗帜,把建设有中国特色社会主义事业全面推向二十一世纪",大会首次使用"邓小平理论"这个科学称谓,并把这一理论与"马克思列宁主义""毛泽东思想"一起确立为

---

[1] 本书编写组.中华人民共和国学校思想政治理论课重要文献选编(上册)[G].北京:人民出版社,2022:559-652.

党的指导思想。为贯彻党的十五大精神,教育部决定调整原有课程设置,重构课程群,单独开设"邓小平理论概论"课程。1998年4月,中央政治局常委会专题讨论了教育部党组关于"两课"课程设置的报告,并作出重要指示。1998年6月,中宣部、教育部印发《〈关于普通高等学校"两课"课程设置的规定及其实施工作的意见〉的通知》,明确高职院校"思政课程"课程群结构为"3(马克思主义理论课)+2(思想品德课)+1(形势与政策)","3"即"马克思主义哲学原理"(50学时)、"毛泽东思想概论"(40学时)(二年制不开)、"邓小平理论概论"(60学时),"2"即"思想道德修养"(40学时)、"法律基础"(28学时),以及各层次各科类学生都要开设的"形势与政策"(平均每周1学时),总共6门课程构成。①这就是"98方案"。

"98方案"最大的特点就是突出了邓小平理论在"两课"教学中的重要地位。"邓小平理论概论"课的开设,体现了马克思列宁主义、毛泽东思想、邓小平理论一脉相承而又与时俱进的关系,有效完成了马克思主义中国化最新理论成果"进教材,进课堂,进头脑"的重要任务。

党的十三届四中全会以后,以江泽民同志为主要代表的中国共产党人,高举毛泽东思想、邓小平理论伟大旗帜,坚持以发展着的马克思主义指导发展着的实践,准确把握时代特征,科学判断党所处的历史方位,紧紧围绕"建设中国特色社会主义"这个主题,集中全党智慧,总结实践经验,以马克思主义的巨大理论勇气进行理论创新,逐步形成"三个代表"重要思想这一科学理论。党的十六大,把"三个代表"重要思想同马克思列宁主义、毛泽东思想、邓小平理论确立为我党必须长期坚持的指导思想。全面贯彻党的十六大精神,进一步深化"三个代表"重要思想"三进"工作成为这一阶段高职院校思想政治理论课教学的重要任务。2003年2月,教育部下发了《关于进一步深化"三个代表"重要思想"三进"工作的通知》,将"邓小平理论概论"课程调整为"邓小平理论和'三个代表'重要思想概论"课程。②形成了从"毛泽东思想概论"到"邓小平理论概论"再到"'三个代表'重要思想概论"的课程搭建逻辑,凸显了马克思主义中国化历史性飞跃所产生的理论成果以及这些成果之间的密切联

---

① 本书编写组.中华人民共和国学校思想政治理论课重要文献选编(上册)[G].北京:人民出版社,2022:947.

② 本书编写组.中华人民共和国学校思想政治理论课重要文献选编(上册)[G].北京:人民出版社,2022:1007.

系,为此后在思政课程改革中及时推进党的创新理论"三进"工作积累了丰富经验。

（四）成熟发展阶段（2004年以后）：以"05方案"为代表的"2+1"课程群

2004年,中共中央、国务院下发《关于进一步加强和改进大学生思想政治教育的意见》（16号文件）,对高校思政课程的功能作出明确阐释：思想政治理论课是大学生思想政治教育的主渠道,是大学生的必修课,是帮助大学生树立正确世界观、人生观、价值观的重要途径,体现了社会主义大学的本质要求。党的十六大后,针对高校思想政治理论课建设面临的新形势新任务新要求,2005年2月,中宣部、教育部印发《关于进一步加强和改进高等学校思想政治理论课的意见》,明确了四年制本科思政课程的构成,即"马克思主义基本原理""毛泽东思想、邓小平理论和'三个代表'重要思想概论""中国近现代史纲要""思想道德修养与法律基础"四门必修课和"当代世界经济与政治"选修课。同年3月,出台配套的实施方案,也就是经典的"05方案"。高职院校的"思政课程"课程群结构为"2+1",即"毛泽东思想、邓小平理论和'三个代表'重要思想概论（4学分）"（2008年调整为"毛泽东思想和中国特色社会主义理论体系概论"）、"思想道德修养与法律基础（3学分）"以及"形势与政策（1学分）"。[①] 随后,中宣部、教育部等陆续出台关于调整增设马克思主义一级学科、加强高校思政课教材编写出版使用、组织高校思政课骨干教师研修培训和在职攻读学位等10余个配套落实文件,围绕"05方案"构建了一套较为完善的政策支持体系。

三、新时代高职院校"思政课程"课程群建设

（一）理直气壮办好"思政课程"的政策生态

党的十八大报告首次将"立德树人"确立为教育的根本任务；党的十九大报告进一步强调"要全面贯彻党的教育方针,落实立德树人根本任务"；党的二十大报告将"实施科教兴国战略,强化现代化建设人才支撑"单列板块,继续强调"育人的根本在于立德。全面贯彻党的教育方针,落实立德树人根本

---

① 本书编写组.中华人民共和国学校思想政治理论课重要文献选编（上册）[G].北京：人民出版社,2022：1110-1271.

任务,培养德智体美劳全面发展的社会主义建设者和接班人"。"立德树人",连续三次成为党代会报告中的"热词"。正所谓"才者,德之资也;德者,才之帅也"。我们党始终坚持辩证看待育人和育才的关系,强调育人和育才相统一的过程中,育人是根本。党和国家持续加大对人才培养工作的布局,进一步明确教育的职责与使命,思想政治教育的重要性与紧迫性进一步凸显。

2015年1月,中共中央办公厅、国务院办公厅印发《关于进一步加强和改进新形势下高校宣传思想工作的意见》,提出:"要建设学生真心喜爱、终身受益的高校思想政治理论课,实施高校思想政治理论课建设体系创新计划,全面深化课程建设综合改革,编好教材,建好队伍,抓好教学,切实办好思想政治理论课。"2015年7月,中宣部、教育部印发《普通高校思想政治理论课建设体系创新计划》,提出通过立体化教材体系、教学人才体系、一二课堂教学体系、学科支撑体系、综合评价体系、条件保障体系等重点任务建设,努力把思想政治理论课建设成为学生真心喜爱、终身受益、毕生难忘的优秀课程。

2016年12月,党中央召开全国高校思想政治工作会议,印发《关于加强和改进新形势下高校思想政治工作的意见》,明确要进一步办好高校思想政治理论课,充分发挥思想政治理论课的主渠道作用,深入实施高校思想政治理论课建设体系创新计划,完善教材体系,提高教师素质,创新教学方法,增强教学的吸引力、说服力、感染力。

2019年3月18日,习近平主持召开学校思想政治理论课教师座谈会,对"如何办好思政课"提出了一系列新思想、新理念、新要求。2019年8月,中共中央办公厅、国务院办公厅印发《关于深化新时代学校思想政治理论课改革创新的若干意见》,就思政课程建设提出了20条系统性意见,成为指导新时代高校思想政治理论课建设和创新的纲领性文件。

党的十八大以来,以习近平同志为核心的党中央对教育工作高度重视,将"思政课程"建设摆在尤为重要的位置。从全国高校思想政治工作会议到全国教育大会,再到学校思想政治理论课教师座谈会,党中央关于加强党对教育工作的全面领导、落实立德树人根本任务、办好中国特色社会主义教育进行一次次的重大战略部署。习近平总书记围绕坚持"立德树人"这一教育的根本任务作出了一系列重要论述。"要把立德树人的成效作为检验学校一切工作的根本标准,真正做到以文化人、以德育人,不断提高学生思想水平、政治觉悟、道德品质、文化素养，做到明大德、守公德、严私德"①"'大思政课'，我们要善用之"②"思想政治理论课能否在立德树人中发挥应有作用，关键看重视不重视、适应不适应、做得好不好""思政课的本质是讲道理，要注重方式方法，把道理讲深、讲透、讲活"③等习近平总书记考察各高校时提出的具体要求，为推进新时代高职院校思政课程高质量发展提供了根本遵循和方向指南。

（二）"4+1+N"：高职院校"思政课程"课程群发展趋势

2019年6月，《教育部关于职业院校专业人才培养方案制订与实施工作的指导意见》指出，高职院校应当将思想政治理论课、体育、军事课、心理健康教育等课程列为公共基础必修课程，并将马克思主义理论类课程、党史国史、中华优秀传统文化、职业发展与就业指导、创新创业教育、信息技术、语文、数学、外语、健康教育、美育课程、职业素养等列为必修课或限定选修课。由此可见，高职院校"思政课程"课程群结构在教育部的人才培养方案制定规则中明确了"必修课+选修课"的要求。

（1）"3+1"模式：2020年12月，中共中央宣传部、教育部印发《新时代学校思想政治理论课改革创新实施方案》，在原有"05方案"的基础上进行了优化调整，对新时代学校思想政治理论课建设的基本要求、课程目标体系、课程体系、课程内容、教材体系、组织领导提出了系统性落实方案。该方案要求大学阶段开设"思想政治理论课"必修课程和选择性必修课程。高职院校"思政课程"课程群结构为"3(必修课)+1(选修课)"，即"毛泽东思想和中国特色社会主义理论体系概论"（4学分）、"思想道德与法治"（3学分）、"形势与政策"（1学分）3门必修课，以及"四史"类选择性必修课1门。

（2）"4+1+N"模式：2022年对于高职院校"思政课程"课程群建设有着非常重要的意义。为贯彻落实习近平新时代中国特色社会主义思想"三进"工作以及"大思政课"建设，高职院校"思政课程"课程群概念被正式提出并呈现基本轮廓。教育部等十部门印发《全面推进"大思政课"建设的工作方案》，明确提出"建强思政课课程群"。要求加强以习近平新时代中国特色社会主义思想为核心内容的课程群建设，形成必修课加选修课的课程体系。鼓励各高

---

① 习近平在北京大学师生座谈会上的讲话[N].人民日报,2018-05-03.
② "'大思政课'我们要善用之"[N].人民日报,2021-03-07.
③ 习近平在中国人民大学考察时强调：坚持党的领导传承红色基因扎根中国大地 走出一条建设中国特色世界一流大学新路[N].人民日报,2021-04-26.

校重点围绕习近平经济思想、习近平法治思想、习近平生态文明思想、习近平强军思想、习近平外交思想以及"四史"、宪法法律、中华优秀传统文化等设定课程模块,开设选择性必修课程。这是第一次在正式文件中提出"思政课课程群"的概念,也是第一次正式提出"必修课+选修课"的课程体系构建路径,为进一步理顺"思政课程"课程群内容体系、逻辑体系以及特色体系提供了基本原则和建设思路。同时,该《工作方案》对落实思政课实践教学也提出了新的指导性意见,要求高职院校精心设计实践教学大纲,坚决避免实践教学娱乐化、形式化、表面化,严格落实1个学分用于思政课实践教学的要求,并且鼓励有条件的高校开设专门的实践教学课。显然,独立开设思想政治理论课的实践教学课程将成为趋势。再加上2022年原"毛泽东思想和中国特色社会主义理论体系概论"(64课时)调整为"毛泽东思想和中国特色社会主义理论体系概论"(32课时)和"习近平新时代中国特色社会主义思想概论"(48课时),必修课课程数量由3门增加至4门。高职院校"思政课程"课程群结构呈现"4(必修理论课)+1(实践课)+N(选修课)"的基本框架。

表2-1 新中国成立以后高职院校(专科层次)"思政课程"课程群结构演变

时间	文件名称	课程结构
1950	《关于实施高等学校课程改革的决定》	"新民主主义的革命的政治课程"
1952	《关于全国高等学校马克思列宁主义、毛泽东思想课程的指示》	三年专科:"新民主主义论""政治经济学" 二年专科:"新民主主义论"(财经性质学校可同时开设"政治经济学") 1953年起开设"马列主义基础"
1953	《关于改"新民主主义论"为"中国革命史"及"中国革命史"的教学目的和重点的通知》	"新民主主义论"改为"中国革命史"
1956	《关于高等学校政治理论课程的规定(试行方案)》	"中国革命史"+1("马列主义基础"或"政治经济学"或"辩证唯物主义与历史唯物主义")
1957	《关于全国高等学校开设社会主义教育课程的指示》	"社会主义教育"
1958	《对高等学校政治教育工作的几点意见(草稿)》	"马列主义基础""政治经济学""辩证唯物主义与历史唯物主义"
1961	《改进高等学校共同政治理论课程教学的意见》	"马克思列宁主义概论""形势与任务"

续表

时间	文件名称	课程结构
1964	《关于改进高等学校、中等学校政治理论课的意见》	"中共党史""哲学""政治经济学""形势与任务"
1978	《关于加强高等学校马列主义理论教育的意见》	"辩证唯物主义与历史唯物主义""政治经济学""中国共产党党史"
1980	《改进和加强高等学校马列主义课的试行办法》	本科应开设"中共党史""政治经济学""哲学",二年制专科开设一至二门马列主义课,三年制专科则需开设二至三门马列主义课
1984—1986	《关于在高等学校开设共产主义思想品德课的若干规定》《关于改革学校思想品德和政治理论课程教学的通知》《关于在高等学校开设法律基础课的通知》	新四门:"马克思主义原理""中国革命史""中国社会主义建设"和"世界政治经济和国际关系" 增设两门:"共产主义思想品德课""法律基础课"
1998	《关于普通高等学校"两课"课程设置的规定及其实施工作的意见》	马克思主义理论课(专科2或3门):"马克思主义哲学原理""毛泽东思想概论"(二年制不开)"邓小平理论概论" 思想品德课(2门):"思想品德修养""法律基础" 各层次各科类学生都要开设"形势与政策"课
2005	《关于进一步加强和改进高等学校思想政治理论课的意见》	"思想道德修养与法律基础""毛泽东思想、邓小平理论和'三个代表'重要思想概论"(2008年更名为"毛泽东思想和中国特色社会主义理论体系概论")"形势与政策"
2020	《新时代学校思想政治理论课改革创新实施方案》	必修课:"思想道德与法治""毛泽东思想和中国特色社会主义理论体系概论(2022年新增习近平新时代中国特色社会主义思想概论)""形势与政策" 选择性必修课:确保学生至少从"四史"中选修1门课程

第二节　高职院校"课程思政"的全景式理解

"课程思政",一个与"思政课程"好似孪生兄弟的词在2017年之后成为专家学者、教育行政部门研究的热点。虽然都是四个字,但因构词结构不同而表达意义完全不同。从思政课程到课程思政,从夯实关键课程到占领重要阵地,高职院校的思想政治教育从理念到路径正发生着深刻转变。"课程思政"四个字到底蕴含着哪些深刻内涵?需要全方位多角度地深度思考和理解。

一、各类课程同向同行:"课程思政"呼之欲出

2004年,中共中央、国务院印发《关于进一步加强和改进大学生思想政治教育的意见》指出,要充分发挥课堂教学在大学生思想政治教育中的主导作用。该《意见》在明确思想政治理论课为主渠道、形势政策教育为重要途径、哲学社会课程负重要职责的基础上,强调高等学校各门课程都具有育人功能,所有教师都负有育人职责;要把思想政治教育融入大学生专业学习的各个环节,渗透到教学、科研和社会服务各个方面;要深入挖掘各类课程的思想政治教育资源,在传授专业知识过程中加强思想政治教育,使学生在学习科学文化知识过程中,自觉加强思想道德修养,提高政治觉悟;要坚持学术研究无禁区、课堂讲授有纪律,严格教育教学纪律,切实加强教材管理,在讲台上和教材中不得散布违背宪法和党的路线方针政策的错误观点和言论。《意见》系统全面地对课堂教学作出了要求,全体教师作为课堂教学的第一责任人担负着思想政治教育的重要使命。

2016年12月,习近平总书记在全国高校思想政治工作会议上强调:"要坚持把立德树人作为中心环节,把思想政治工作贯穿教育教学全过程,实现全程育人、全方位育人,努力开创我国高等教育事业发展新局面。""要用好课堂教学这个主渠道,思想政治理论课要坚持在改进中加强,提升思想政治教育亲和力和针对性,满足学生成长发展需求和期待,其他各门课都要守好一段渠、种

好责任田,使各类课程与思想政治理论课同向同行,形成协同效应。"[①] 这段讲话明确了课堂教学是开展思想政治教育的主渠道,而这个主渠道的构成也非常清晰,主要包括两个方面,即思想政治理论课和其他各门课。

  2017年,中共中央、国务院印发的《关于加强和改进新形势下高校思想政治工作的意见》指出,要加强对课堂教学和各类思想文化阵地的建设管理。充分发掘和运用各学科蕴含的思想政治教育资源,健全高校课堂教学管理办法。各学科的思想政治教育功能发挥和资源挖掘被高度关注,并且要求从课堂教学管理的角度进行全方位落实。

  2019年3月18日,习近平总书记在北京主持召开学校思想政治理论课教师座谈会并发表重要讲话。2020年9月《求是》杂志第17期以"思政课是落实立德树人根本任务的关键课程"为题,全文刊登了"3·18"讲话的主要内容。文章围绕"办好思想政治理论课意义重大""办好思想政治理论课关键在教师,关键在发挥教师的积极性、主动性、创造性""推动思想政治理论课改革创新,不断增强思政课的思想性、理论性和亲和力、针对性""加强党对思想政治理论课建设的领导"等四个方面,提出解决"为什么要办好思政课""做一个什么样的思政课教师""新时代要建设什么样的思政课""办好思政课的'牛鼻子'在哪里"等关键问题的基本原则和实现路径。同时,这一重要讲话为"各类课程与思政课程建设的协同"问题的提出和解决提供了重要依据。

  思政课是落实立德树人根本任务的关键课程,办好思想政治理论课意义重大。习近平总书记在学校思想政治理论课教师座谈会上客观分析了思政课建设的现状,指出思政课建设在取得显著成效的同时依然有一些问题亟待解决。"各类课程同思政课建设的协同效应还有待增强,教师的教书育人意识和能力还有待提高,学校、家庭、社会协同推动思政课建设的合力没有完全形成,全党全社会关心支持思政课建设的氛围不够浓厚。"近年来,思想政治理论课建设虽然得到各级各类部门和学校的高度重视,但是思政课以外的课程以及组织支持环境并不理想,思想政治教育与专业教育相互隔绝的"孤岛效应"长期客观存在。"各类课程的同向同行"问题已经从某种程度上成为影响思想政治理论课建设效果的外围因素。当我们把思想政治教育视作应由思想政

---

  ① 习近平:把思想政治工作贯穿教育教学全过程 开创我国高等教育事业发展新局面[N].人民日报,2016-12-09.

治理论课"专职"负责,并被其他课程"忽视"甚至"反作用"的时候,思政课的"孤军奋战"就会显得"软弱无力"。因此,在正确认识办好思政课的重要意义时,需要将思政课建设的环境营造作为一项迫切需要解决的现实难题一并提出,运用系统思维全面考虑思政课建设质量的提升问题。

习近平总书记在学校思想政治理论课教师座谈会上发表重要讲话并指出"推动思想政治理论课改革创新,要不断增强思政课的思想性、理论性和亲和力、针对性"。同时提出"坚持政治性和学理性相统一;坚持价值性和知识性相统一;坚持建设性和批判性相统一;坚持理论性和实践性相统一;坚持统一性和多样性相统一;坚持主导性和主体性相统一;坚持灌输性和启发性相统一;坚持显性教育和隐性教育相统一"[①]。习近平总书记深刻总结了思政课建设长期以来形成的规律性认识和成功经验,构建了一个紧密联系、有机统一的改革思路,为思政课建设改革创新提供了方法论指导。其中"坚持显性教育和隐性教育相统一"作为思想政治理论课改革创新的八个"秘方"之一被提出,就是要求思政课程这一显性教育与其他具有思想政治教育资源的课程、活动、文化等学校内的可利用的教育载体进行有效协同,全面整合思想政治教育资源,从新的视角推进思政课程改革创新的力度和效度。

"各类课程同向同行"是"课程思政"概念出现的前奏。所谓"同向",就是指思政课程与其他课程的方向具有一致性,都紧紧围绕立德树人的根本任务;所谓"同行",是指思政课程和其他课程的步伐具有一致性,都需要在课程中体现思想政治教育。

二、隐性思想政治教育:"课程思政"的本质属性

"课程思政"之所以很快成为学术界研究热点,成为教育界关注重点,并且在理论与实践的互动中日益形成共识,是因为大家对"课程思政"这个崭新概念有一种似曾相识的感觉。古今中外关于教育的经典论述和思想理论中似乎都有"课程思政"的影子,其中有一个与之相通的、大家比较熟悉的概念,就是"隐性思想政治教育"。"课程思政"本质上属于隐性思想政治教育的范畴,以隐而不显的方式存在于各类课程之中。

---

① 习近平. 思政课是落实立德树人根本任务的关键课程[J]. 求是,2020(17):4-11.

(一)中国关于隐性思想政治教育的思想火花

中华文明绵延五千年,不仅积淀了中华民族的优秀传统美德,也蕴藏了诸多道德教化的理论成果。儒家思想,作为中国最重要的传统文化,对隐性思想政治教育有着重要启示。孔子认为,身教比言教更为重要,正所谓"其身正,不令而行;其身不正,虽令不从"。这就是典型的"身教示范"思想,就是把思想政治教育寓于日常生活点滴之中,以实际的行为示范去影响教育对象,起到潜移默化的教育作用。孔子还提出"兴于诗、立于礼、成于乐"(《论语·泰伯》)的命题,主张道德教化要"志于道,据于德,依于仁,游于艺"(《论语·述而》),把艺术作为思想教化的重要载体;荀子提出"知乐则几于礼矣,礼乐皆得,谓之有德,德者得也"(《礼记·乐记》),主张通过"诗教""乐教"去实现道德教化。此外,中国古代思想家特别是先秦儒家十分重视人的成长和道德修养与社会环境之间的关系,孔子提出"性相近也,习相远也""三人行,必有我师焉,择其善者而从之,其不善者而改之"。"孟母三迁"的故事千古流传。这些"熏陶化育"的思想蕴含了环境育人这一重要隐性教育的萌芽。虽然这些论述与当前隐性思想政治教育还有一定的理论差距,但这些关于隐性教育的合理价值和智慧火花长期以来影响着我国思想政治教育的路径选择。

随着历史的变迁和时代的发展,中国近现代思想家、教育家关于隐性思想政治教育的论述不断丰富。中国近代思想家、政治家、教育家梁启超从培养现代国民的需要出发,提出智育、情育、意育三者并重的教育方针。智育传授知识,情育塑造人格,意育是磨炼意志。他认为情感理解是生命中最内在、最本真的东西,情感具有强烈的行为驱动力,主张通过情感教育来实现和推动思想政治教育。近现代伟大的思想家、教育家蔡元培认为德育目标的实现可以依托智育、美育、体育等的实践,并首倡"美育",认为其具有独特的教育功能,美育可以陶冶人的感情,培育良好的道德心,有助于移风易俗、改造社会。这一论述对于发挥美育在思想政治教育中的作用提供了理论启示。当然,讲到隐性思想政治教育,不得不提的就是教育家陶行知。他提出"生活即教育""社会即学校""教学做合一"等一系列富有生命力和感染力的教育理念,极大地推动了我国现代道德教育和思想政治教育的发展。陶行知强调"拿全部的生活作教育的对象""教学做合一""我们要在行动中追求真知识",并形象地说"行动是老子,思想是儿子,创造是孙子"。1926年11月,他在"南京中等学校训育研究会"上的讲话中指出:"训育上还有个最不幸的事体,这事就是教育与训育分家,把教育看作知识范围以内的事,训育看作品行范围以内的事,……殊不知学习知识与修养品行是受同一学习心理定律支配的。我们如果强为分家,必自相矛盾,以至教知识的不管品行,管品行的不学无术。所以我们希望担任训育的人,要打破知识、品德分家的二元论,而在知识品德合一上研究些办法出来。"① 无论是基础教育领域的学科德育还是高等教育领域的课程思政都是将教育回归生活的体现。透过陶行知关于生活德育的论述,我们可以看出陶行知德育思想的核心就是把教育寓于人们的社会生活与社会实践,而不是把教育与生活、实践相割裂,德性品质与智慧应该从生活中来,而不应该是从书本、课堂灌输中来,对于研究和实践隐性思想政治教育有着诸多启发。②

（二）西方关于隐性思想政治教育的智慧思索

西方没有思想政治教育学科,但可以从道德教育、公民教育等理论中找到一些隐性思想政治教育的智慧,从方法论意义上给予借鉴。

在古希腊时期,人们把生活作为道德、政治的依据,蕴含着深厚的从生活的角度看待道德和政治、道德教育和政治教育的思想底蕴。③ 最经典的思想体现在亚里士多德的论述中。亚里士多德认为,并不存在一个脱离了现实生活中的具体事务而单独存在的抽象的善,善是具体的、多种多样的,它就存在于人们的生活实践中,人们要通过生活实践来体现善、践行善；他主张"伦理论和政治学,所探索的就是实践和活动"④；他认为必须先进行有关美德的现实活动,才能获得美德。这一思想蕴藏着隐性施教的理念。⑤ 此外,苏格拉底提出的"产婆术"谈话和辩论方式为隐性施教过程的方法选择提供了借鉴。文艺复兴时期的思想家对于德性教育在总体上持自然生成的教育观。伊拉斯谟作为代表人物,他主张教育的自然性、潜移默化性,反对把惩罚和恐吓作为道德教育的主要方法。他对教育作用机理的描述用了一个非常生动的比喻,他认为教育"其作用正像喝酒一样……当开始喝酒的时候,它并没有什么效果,

---

① 谢维和.陶行知先生留下的"作业"——立德树人的逻辑与实践研究之一[J].人民教育,2017(07):29.
② 白显良.隐性思想政治教育基本理论研究[M].北京:人民出版社,2019:59.
③ 白显良.隐性思想政治教育基本理论研究[M].北京:人民出版社,2019:60.
④ [古希腊]亚里士多德.尼各马可伦理学[M].苗力田,译.北京:中国社会科学出版社,1999:9.
⑤ 包利民.生命与逻各斯——希腊伦理思想史论[M].北京:东方出版社,1996:274.

但是，当它逐渐流经每一根血管时，它俘虏了整个人，完全控制了他"①。蒙田作为另一位人文主义者也主张教育的自然性，他认为世界的各个角落都是书房，日常的交往、旅行等也都是很好的教育。他认为应该"让孩子们首先接触事实，用事实进行教育。用行动去做，而不是只听，是在生活的道路上塑造他们，改造他们，教育他们，特别是用范例和工作，而不是只有规则和文字。所以学习不只是获得物，而是使心灵上获得知识，也要获得品德和习惯，它们不只是获得物，而是要变成禀性"②。这种主张在生活实践中贯穿教育的思想对当前隐性思想政治教育有着一定的借鉴意义。中世纪著名的捷克教育家夸美纽斯关于道德教育也提出了独到的主张，他强调道德判断力的培养，认为对于事实问题的健全判断是一切德性的真正基础，强调教师的示范作用，强调实践对于德性教育的积极意义。这些观点能够对把握隐性思想政治教育的内涵及其规律提供较好的指导。

西方近现代时期，思想家、教育家层出不穷。留下教育巨著《爱弥儿》的卢梭主张，包括道德教育在内的整个教育应当遵循自然法则，要尊重和保护儿童的自然天性，强调"人品""品格"源自尊重"自然秩序"的教育，源自人们的日常生活。瑞士著名教育家裴斯泰洛齐深受卢梭自然主义教育思想影响，一方面主张"生活是伟大的教育者"③，强调德性教育要生活化，而且特别强调家庭生活的育德价值；另一方面提倡教育要研究人的心理，主张"施加人为的影响（培养和教育）要与人的本性发展过程相适应"④。这些思想对于挖掘隐藏在生活中的思想政治教育并探索基于人的心理发展规律的精准思想政治教育具有启迪意义。马克思曾经在《关于费尔巴哈的提纲》中明确提出："社会生活在本质上是实践的，凡是把理论引向神秘主义的东西，都能够在人的实践活动以及对实践的理解中得到合理的解决。"思想政治教育的本质需要回归实践性，归根到底是要学生在掌握思想政治理论基础上做出正确的价值选择和实践行动。涂尔干在《道德教育》一书中提到了三个学科，分别是科学、艺术和历史。他认为，通过科学教学，我们可以让学生了解这个世界的基本知识，

---

① 华东师范大学教育系.西方古代教育论著选[M].北京：人民教育出版社，1985：225.
② 吴元训.中世纪教育文选[M].北京：人民教育出版社，1989：484.
③ 任钟印.西方近代教育论著选[M].北京：人民教育出版社，2001：281.
④ [美]阿·布律迈尔.裴斯泰洛齐文集（第1卷）[M].尹德新，等译.北京：教育科学出版社，1994：339.

增强学生的理性；通过艺术审美教学，我们可以唤起学生对美的热爱，激发其道德情感；通过历史教学，我们可以让学生了解社会实在以及历史的各种人群关系，增强学生对于社会群体的依赖。显然，这一本关于道德教育的书籍蕴含了丰富的隐性思想政治教育思想。① 19世纪末20世纪初美国实用主义哲学家、教育家杜威的教育思想对隐性思想政治教育影响深远。他提出"教育即生活""教育即生长"的经典思想，充分肯定各科教学的道德教育价值，认为任何知识的教育、任何社会实践活动，只要具有育人的可能，都可以成为育德的平台。他认为道德教育存在于学校的各个角落，"道德的目的是各科教学的共同的和首要的目的"，他认为如果把道德教育与各科教学分离开来，道德教育则起不到任何作用，道德是不能作为独立的学科来传授的。只有把道德教育融入各科之中，使道德教育无处不在，才能真正达到道德教育的目的。"指导如何把表现道德价值的社会标准加到学校所用的教材上，这是十分重要的。"在杜威看来，地理、历史、数学等学科的教材，都应与生活紧密结合，绝不该和社会现实绝缘，否则教学纵有学术价值，对德育也起不到作用。② 同时，他提出了一个和"隐性课程"比较相近的概念，那就是"同时学习"，并提出这是与"正式"学习同时产生的经验，是有关情意方面的学习，它有时比正式的课程还要重要。随后，美国进步主义教育家、杜威的学生克伯屈继承和发展了"同时学习"的思想，提出"伴随学习"的概念，也就是指除了旧式学校规定要学习的算术、历史或地理以外，还包括学生对教师的期望、对学校的态度、与同学的关系等心理因素和个性品质的形成。这些思想对于隐性思想政治教育研究具有重要的借鉴意义。

（三）当代隐性思想政治教育的研究

"隐性教育"作为一个专门的学术用语提出，可以追溯到1968年美国教育社会学家杰克逊在其专著《班级生活》(*Life in classrooms*)一书中关于学校"潜在课程"（Hidden Curriculum）的研究。他指出，学生在学校不仅学习了读、写、算等文化知识，而且获得了态度、动机、价值观和其他的心理成长。前者是人们通常所知的目的明确、计划规范的显性课程；后者则是学校方面经由非学术途径，潜在地、无形地间接对学生产生的影响。这种非正式的文化传递和

---

① 檀传宝,等.德育原理[M].北京:北京大学出版社,2020:117.
② [美]约翰·杜威.民主主义与教育[M].王承绪,译.北京:人民教育出版社,2001:31.

影响称为隐性课程。①20世纪60年代席卷社会学领域的和谐理论认为，潜在课程就是发生在学校里的社会化元素，但并非正式的课程。潜在课程的元素融合在课程、学校和教师生活里，通过日常生活、课程内容和社会关系加诸学生的规范、价值与信仰体系。艾伯（Michael W. Apple）教授认为，潜在课程是具有象征性的、物质的与人为的环境，且这环境是不断地重新架构的。他强调，潜在课程涉及各种利益、文化、形式、挣扎、共识和妥协。学生并非仅仅是被动接受的器皿，而是在社会化体系中活跃的角色。学生在其中不断地协商、调适与抗拒，并且常常转变社会化的方向。②

联合国教科文组织在《学会生存——教育世界的今天和明天》中写道："我们的儿童被分裂在两个互不接触的世界中。在一个世界里，儿童像一个脱离现实的傀儡一样，从事学习；而在另一个世界里，他通过某种违背教育的活动来获得自我满足。"思想政治教育与生活世界的分离阻碍了思想政治教育的效果。思想政治教育要能够融合在与生活相关的学科中，融合在与生活相关的活动中，隐性思想政治教育就是试图让学生的思想政治教育回归生活。

20世纪80年代末90年代初，我国开始了对隐性教育的探讨和研究，特别是在德育领域研究比较深入。教育家班华1989年在《教育研究》上发表的《隐性课程与个性品德形成》将"隐性课程"理解为"课内外间接的、内隐的，通过受教育者无意识的、非特定心理反应发生作用的教育影响因素"。《现代德育论》中指出，隐性课程并非无所不在，但也并非只存在于课外的"非计划"、非正规的学习中，而是广泛存在于课内外、校内外有目的的教育活动中。它既存在于认识性德育课程、活动性德育课程之中，也存在于德育环境内的体制与气氛之中。③同理，隐性思想政治教育也是无处不在的状态。它呈现出影响的间接性、范围的广阔性以及发生作用的无意识性等鲜明特征。对于开展课堂教学的教师而言，随着对隐性课程存在方式、教育功能以及形成机理等规律的认识和掌握，可以通过开展隐性课程设计，挖掘各门课程的思想政治教育元素，以充分实现隐性课程教育价值。

---

① 陈洁瑾.高职院校创业教育隐性课程开发初探[J].无锡商业职业技术学院学报,2011(04):44-46.

② [美]Eric Margolis.高等教育中的潜在课程[M].薛晓华,译.上海:华东师范大学出版社,2005:17.

③ 班华.现代德育论[M].合肥:安徽人民出版社,1996:149.

《思政课是落实立德树人根本任务的关键课程》一文关于"如何实现隐性思想政治教育",也有方法论的指导。文章指出:"要挖掘其他课程和教学方式中蕴含的思想政治教育资源,实现全员全程全方位育人。既要有惊涛拍岸的声势,也要有润物无声的效果,这是教育之道。"①一方面强调了显性课程与隐性课程相互补充的教育路径,另一方面也提供了隐性思想政治教育的工作方向。隐性思想政治教育,作为一种教育场域开放且系统、教育方式灵活且隐蔽的教育,无时无刻不影响着思想政治教育的整体效果。作为高职院校教师,可以从两个方面来重点推进隐性思想政治教育:第一,深度挖掘其他课程蕴含的思想政治教育元素,把80%的专业课程和其他公共课程的思想政治教育功能发挥出来,全面占领课堂阵地;第二,充分挖掘教学方法中蕴含的思想政治教育元素,从后现代主义课程论的角度去重新理解课程,把课程实施过程、师生关系等作为课程的重要组成部分,激发这些"曾经被忽视的"思想政治教育要素的功能。

三、"课程思政"落地生根:从学术探讨到国家政策

2017年,高德毅、宗爱东发表于《中国高等教育》上的《从思政课程到课程思政:从战略高度构建高校思想政治教育课程体系》,首次提出"课程思政"这个熟悉而又陌生的概念,成为我国第一篇系统介绍课程思政理念的学术文献。文章提出,要树立"课程思政"理念,强调学校教育应具备360度德育"大熔炉"的合力作用,要构建思想政治理论课、综合素养课程、专业课程三位一体的高校思政课程体系,充分发挥思政课的"群舞中领舞"作用,实现所有高校课程的"共舞中共振"效应。随后,发表于《思想理论教育导刊》的《课程思政:有效发挥课堂育人主渠道作用的必然选择》,以上海学校思想政治教育(德育)课程改革为例系统梳理了课程思政的发展历程,提出要将学科资源、学术资源转化为育人资源,实现"知识传授"和"价值引领"有机统一,推动"思政课程"向"课程思政"的立体化育人转型,引发了学术界对"课程思政"的研究热潮。就在当年,2017年12月,教育部颁发《高校思想政治工作质量提升工程实施纲要》,明确指出要"大力推动以'课程思政'为目标的课堂教学改革""梳理各门专业课程所蕴含的思想政治教育元素和所承载的思想政治教

---

① 习近平:思政课是落实立德树人根本任务的关键课程[J].求是,2020(17):4-11.

育功能,融入课堂教学各环节,实现思想政治教育与知识体系教育的有机统一"。"课程思政"这一名词首次被写入教育部官方文件,并成为学术用语。

从"中国知网"的数据显示,关键词为"课程思政"的研究文献在2017年仅34篇,2018年为361篇,2019年达到1903篇,2020年超过了5800篇,"课程思政"受到了思想政治教育、课程与教学论、道德教育等领域专家的高度关注,纷纷从厘清思政课程与课程思政的关系着手开展理论研究工作。石书臣从育人内涵及思政工作要求角度阐述了思政课程与课程思政的本质属性,认为在处理两者关系中要避免专业课思政化和思政课通识化两种倾向;陈艳认为思政课程与课程思政本质上是显性与隐性的关系;王景云认为思政课程与课程思政是逻辑互构关系,思政课程在政治方向、思想价值和教学方法三方面发挥着引领课程思政的作用,课程思政在师资力量、课程载体和教育资源三方面起到拓展"思政课程"的作用;许硕等从教育教学目标、责任使命、教师品德要求三个方面阐述了思政课程与课程思政在价值指向上的一致性,认为两者在思政教育功能上是同向同行的。[①]这些成果对进一步研究思政课程与课程思政的政策供给、协同方式、质量评价等深层次问题提供了必要基础。

2019年,中共中央办公厅、国务院办公厅《关于深化新时代学校思想政治理论改革创新的若干意见》要求"整体推进高校课程思政和中小学学科德育",课程思政上升为国家教育政策。紧接着,2020年教育部印发《高等学校课程思政建设指导纲要》明确了课程思政建设目标要求和内容重点,对课程思政融入课堂教学全过程、教师课程思政意识和能力、课程思政建设质量评价体系与激励机制、组织实施和条件保障进行了整体部署。

短短两年时间,"课程思政"从学术探讨的理论研究发展为国家政策的实践落实,引起了高校教师的热切关注。2019—2020年高职院校积极响应政策要求,全面启动"课程思政"的探索与实践。

四、"课程思政"的实质:一种课程观

在探讨课程思政问题时首先需要厘清课程思政的概念。概念是一切认识的逻辑前提。要确保认识过程的准确,首要的条件就是要有精确而统一的概

[①] 陈洁瑾,江增光.基于计量可视分析的课程思政研究综述[J].南宁职业技术学院学报,2022(01):14-23.

念。课程思政,作为一个在实践中生成、由两个熟悉的名称并列构成的崭新名词,至今学术界没有统一的概念界定。到底如何理解课程思政的概念? 我们不妨先梳理马克思主义理论研究和教育学研究领域的专家学者关于"课程思政"定义的经典论述。高德毅、宗爱东提出,"课程思政"其不是增开一门课,也不是增设一项活动,而是将高校思想政治教育融入课程教学和改革的各环节、各方面,实现立德树人润物无声。围绕"知识传授与价值引领相结合"的课程目标,强化显性思政,细化隐性思政,构建全课程育人格局。[①]两位学者首次提出"课程思政"概念,是从课程思政的功能与作用上去进行定义的。赵继伟认为,"课程思政"是依托、借助于思想政治理论课、专业课、通识课而进行的思想政治教育实践活动,或者是将思想政治教育寓于、融入专业课、通识课的教育实践活动。[②]从与"思政课程"的关系来看,"课程思政"包含"思政课程"。宫维明认为,"课程思政"就是在以传统"思政课程"为主渠道的前提下,将思想政治教育的内容和精神融入所有课程中,构建各类课程与思想政治理论课同向同行、形成协同效应的思想政治理论教育课程体系,在潜移默化中完成全程育人、立德树人的目标。[③]这两个概念都是基于"大思政"理念,从与思政课程形成的包含关系或协作关系上进行理解的。邱伟光认为,"课程思政"是指高校教师在传授课程知识的基础上引导学生将所学的知识转化为内在德性,转化为自己精神系统的有机构成,转化为自己的一种素质或能力,成为个体认识世界与改造世界的基本能力和方法。"课程思政"指向一种新的思想政治工作理念,即"课程承载思政"与"思政寓于课程"。[④]这一概念详细阐释了课程思政的形成机理和生成过程,明确了课程思政是一种思想政治工作理念的革新。

到底什么是"课程思政"? 两个并列的名词组成的概念到底孰轻孰重,两者之间的逻辑关系是怎样的,到底想传递什么样的教育理念? 不妨从以下三个层面来理解。

---

① 高德毅,宗爱东.从思政课程到课程思政:从战略高度构建高校思想政治教育课程体系[J].中国高等教育,2017(01):44.
② 赵继伟."课程思政":涵义、理论、问题与对策[J].湖北经济学院学报,2019(02):115.
③ 宫维明."课程思政"的内在意涵与建设路径探析[J].思想政治课研究,2018(06):67.
④ 邱伟光.课程思政的价值意蕴与生成路径[J].思想理论教育,2017(07):11.

（一）对"课程思政"概念中"课程"的理解

"课程"一词有着非常悠久的历史，不同学科领域对"课程"的定义各不相同。比如，《中国经济史大辞典》中，"课程"一方面被理解为元朝若干工商税的总称，包括岁课、盐课、茶课、商税以及和买等；另一方面被理解为清代农村市集中的若干杂税。《中国古代法学辞典》将"课程"界定为征税的限度与标准。

"课程思政"中的"课程"显然是一个教育学的概念。这里"课程"一词的英语是curriculum，来源于拉丁语coursus，意为"跑道"，转义为教育上的术语，意味着学习者学习的路线，最早出现在英国教育家斯宾塞《什么知识最有价值》一文中。《教育大辞典》中将课程定义为："为实现学校教育目标而选择的教育内容的称谓。"并且进一步介绍我国学者对课程的三种定义：

（1）"学科"说，认为课程有广义、狭义之分，广义指所有学科的总和或学生在教师指导下各种活动的总和，狭义指一门学科；

（2）"进程"说，认为课程是一定学科有目的、有计划的教学进程，不仅包括教学内容、教学时数和顺序安排，还包括规定学生必须具有的知识、能力、品德等的阶段性发展要求；

（3）"教学内容"说或"总和"说，将列入教学计划的各门学科和其在教学计划中的地位、开设顺序等总称为课程。

教育学关于课程的定义本身一直有广义和狭义之分，所以对课程思政概念的界定不免会存在差异。有的学者从广义上界定，认为课程思政是一切具有思政元素的教育教学活动，包括第一课堂（课堂教学）、第二课堂（课外活动）、第三课堂（社会实践），甚至第四课堂（网络空间）；有的学者从狭义上进行理解，认为课程思政是指在第一课堂的非思政课程教学中融入思政元素，这里所说的课程是在教学计划中规定的显性课程。从《高校思想政治工作质量提升工程实施纲要》中提出"大力推动以'课程思政'为目标的课堂教学改革""梳理各门专业课程所蕴含的思想政治教育元素和所承载的思想政治教育功能，融入课堂教学各环节，实现思想政治教育与知识体系教育的有机统一"，到《关于深化新时代学校思想政治理论课改革创新的若干意见》要求"整体推进高校课程思政和中小学学科德育"，再到《高等学校课程思政建设指导纲要》强调"要紧紧抓住教师队伍'主力军'、课程建设'主战场'、课堂教学'主渠道'，让所有高校、所有教师、所有课程都承担好育人责任，守好一段渠、种好责任田，使各类课程与思政课程同向同行，将显性教育和隐性教育相统一,形成协同效应,构建全员全程全方位育人大格局"来看,教育政策表述中关于课程思政的"课程"理解主要选用的应该是狭义概念。当然,在课程思政实施的过程中可以做一些实践教学的延伸,但不宜把边界无限扩大,否则就会和"大思政"出现混淆。

（二）对"课程思政"概念中"思政"的理解

思政,即思想政治教育的简称。高职院校"为谁培养人"的教育使命决定了所有课程具有鲜明的价值取向和意识形态属性。"课程思政"中的"思政"概念和"思政课程"中的"思政"概念还是有所区别的。后者指"马克思主义理论",是狭义上的思政；而前者则可以理解为"育人",是更加广义上的思政。"课程思政"概念中"思政",并不是思想政治教育理论知识的传递,不是把其他课程作为实施额外的马克思主义理论的显性教育,而是将思政元素基因式地融入各类课程中,发挥课程资源的育人功能。课程思政的"思政"不是课程的外加内容,而是课程的内生要素,就是要重启各类课程在政治认同、思想引领、道德塑造等方面的功能,实现生存知识技能与发展价值引领的有机统一,达到"教书育人"使命的回归,培养价值理性与工具理性相统一的"完整的人",是一种隐性的思想政治教育存在。

（三）对"课程思政"整体概念的理解

从目前关于课程思政的文献资料和实践探索两个维度看,高职院校对课程思政的理解还存在分歧。学术探讨中,有的认为其属于课程改革,有的则认为其属于思政改革。实践探索中,高职院校的课程思政改革有的由教务处整体部署,有的则由马克思主义学院推进落实。实际上,课程思政应该是一个教育学领域的问题,是一种课程观,不是一门或几门具体的课程,是高职院校"大思政"格局下"三全育人"在课程实施领域的落地策略。课程思政与发挥思想政治教育关键作用的思政课程相比而言,它的载体是日常的专业课程或公共课程,是显性课程中的隐性教育,是立德树人的重要组成部分。课程思政的提出引发的是课程领域的全面变革,需要从思想政治教育角度对课程目标、实施过程、内容遴选、课程评价进行重新审视。归根到底,课程思政实质上是教育初心的回归,是让每一门课程承载更多的社会责任和价值引领功能,从而支撑起教育"培养合格社会主义建设者和可靠接班人"的根本任务。①

---

① 陈洁瑾.高职院校课程思政的愿景与范式建构[J].中学政治教学参考,2022(03):42-44.

第三章　课程育人：高职院校思政课程与课程思政协同的价值旨归

　　教育是人们灵魂的教育，而非理智知识和认识的堆积。教育的本质意味着：一棵树摇动另一棵树，一朵云摇动另一朵云，一个灵魂唤醒另一个灵魂。

——雅斯贝尔斯《什么是教育》

第一节　课程育人：思政课程与课程思政的内在统一

无论是思政课程还是课程思政，都是通过"课程"这一基本场域和基础教学形式来实现育人的。高职院校思政课程与课程思政协同育人的本质就是回归教育的本真，筑牢课程的育人根基，让"每一门课程"都担负起育人的重要使命和神圣责任。

一、铸魂育人：课程的终极价值追求

美国课程论专家菲利普·泰勒指出："课程是教育事业的核心，是教育运行的手段。"另一位美国著名的后现代课程理论专家多尔将"3S"作为课程的目标和价值，提出课程要注重揭示知识所隐藏的原理和方式的科学性（Science）、注重教学过程经验参与情境依赖的叙事性（Story），注重通过意义建构让学生获得内隐的精神和文化意义的精神性（Spirit）。课程是学校系统的"心脏"，教育的价值能否充分体现，取决于课程的供给水平和实施质量。"育人"是课程的终极价值追求，课程育人落实程度直接决定了高职教育立德树人目标的达成。

回顾教育发展与课程演变的过程，"课程"与"育人"之间的关联有着历史性和必然性，课程作为育人的基本场域始终承载着知识传递和精神传承的力量。无论是我国古代"四书""五经"等课程所蕴含的"诗书礼乐以造士"的思想，还是古希腊时期培养合格城邦公民的学校课程体系所蕴含的道德规范教育；从要素主义强调课程的内容是"文化要素"，到进步主义提倡以学生的生活经验育人、活动育人、兴趣育人，再到人本主义课程主张关注个人价值，实现人的自由发展与自我实现，自古以来，中西方教育都有"课程育人"的传统，道德教育、价值性教育一直作为学校教育的重要内容，这些理论为育人导向的课程实践提供了历史性论据和发展性视角。

马克思主义认识论提出：人有两种尺度，即客体尺度（对象的本性和规律）和主观尺度（人自己的本性和规律）。追求以客体尺度为依托的主客体统一的活动是求真,而追求以主体尺度为依托的主客体统一的活动是求善。从这个角度来看,课程作为一种人类社会特有的教育实践活动,也存在着基于两种不同尺度的教育内容:一种是以认识自然和社会为目的的知识性教育,另一种是以促进人的发展为目的的情感教育、道德教育、科学精神教育以及价值观、世界观、人生观教育。课程愿景和目标本质上是多维度的,教学本身就是一个实现科学与人文交汇、智慧与情感互动、理性与价值交融的过程。课程所蕴含的专业性与价值性通过富有创造性的教学过程来实现转化,帮助学生完成知识的意义建构、情感态度的转化、道德水平的提升。[①]

高职院校思政课程与课程思政的协同育人,关键在于课程,本质是育人价值引领下的课程组织结构、内容体系、实施方法、质量评价之间的统筹推进。高职院校高素质技术技能人才培养目标的达成必须以课程的思想性和价值性为前提。思政课程与课程思政的协同是对"培养什么人、怎样培养人、为谁培养人"这一教育根本问题的回应。高职院校课程在"培养担当民族复兴大任的时代新人"的时代语境和"培养更多高素质技术技能人才、能工巧匠、大国工匠"的时代召唤下,理应擦亮每一门课程的中国底色。同时,作为类型教育的高职院校区别于普通高等学校,是以直接服务于地方经济社会发展为基本职能的,具有鲜明的技术性、技能性、职业性和实践性,追求"道器合一"的价值理念。高职院校需要通过课程解决学生的职业生存和人格生成问题,平衡学生的职业性发展与精神性成长,引导学生自觉形成政治认同、家国情怀,培养爱岗敬业、无私奉献的职业品质,实现学生德智体美劳的全面发展。

2017年,教育部印发《高校思想政治工作质量提升工程实施纲要》,提出高校思想政治工作要充分发挥课程、科研、实践、文化、网络、心理、管理、服务、资助、组织等方面的育人功能,挖掘育人要素,完善育人机制,优化评价激励,强化实施保障,切实构建十大育人体系。其中,放在首要位置的就是"课程育人"。如何做到"课程育人"?就是要突破传统课程思维,立足学生发展的现实关切,从"课程思政"的角度思考"价值融入"的问题。文件指出,要大力推动以"课程思政"为目标的课堂教学改革,优化课程设置,修订专业教材,完善教学设计,加强教学管理,梳理各门专业课程所蕴含的思想政治教育元素和所

---

① 高树仁,郑佳,曹茂甲.课程育人的历史逻辑、本质属性与教育进路[J].中国大学教学,2022(Z1):107-112.

承载的思想政治教育功能,融入课堂教学各环节,实现思想政治教育与知识体系教育的有机统一。很显然,这是一次深刻的教学改革,课程思政要求需要重新回归到所有课程的目标体系之中。

2018年,教育部办公厅下发《关于开展"三全育人"综合改革试点工作的通知》,普通高等学校"三全育人"综合改革试点建设标准出台,文件强调高职院校需要立足新时代,深刻认识到中国特色社会主义教育是知识体系教育同思想政治教育的结合与综合,"课程育人"要实现"两条腿"走路。一方面,要充分发挥"思政课程"的主渠道作用。要深入推动党的最新理论进教材、进课堂、进头脑,全面推进思路攻坚、师资攻坚、教材攻坚、教法攻坚、机制攻坚;要有效落实马克思主义学院建设标准,根据党和国家的最新要求加强思政课改革创新,提升思政课的思想性、理论性和亲和力、针对性;要积极组织领导干部带头上思政课,营造学校努力办好思政课、教师认真上好思政课、学生积极学好思政课的良好氛围。另一方面,要充分挖掘"课程思政"的责任田功能。学校要系统设计课程体系特别是哲学社会科学课程的架构,梳理各门专业课程所蕴含的思想政治教育元素和所承载的思想政治教育功能,在课程标准、教学内容、教学方法、教学评价上回应课程思政的需要;要关注专业教师课程育人的主体作用,健全课程育人管理、运行体制,将课程育人作为教师思想政治工作的重要环节。

二、课程思政与思政课程在育人层面的内在统一性

虽然课程思政与思政课程两者的概念范畴、内容呈现、实施方法等存在区别,但两者辩证统一于课程育人全过程,是遵循马克思主义关于思想政治教育的基本规律的协同性举措。课程育人就是解决怎样通过课程实现育人目的问题。思政课程和课程思政,都是通过课程这一载体来实现育人目标的。

第一,两者都需要明确课程的培养目标。一切课程都是有计划有目的有组织的教育活动。明确培养目标是实现课程育人的基本前提。思政课程与课程思政在人才培养目标上显然具有一致性。习近平总书记在全国教育大会上提出要"培养德智体美劳全面发展的社会主义建设者和接班人",要坚持把立德树人作为根本任务,要在坚定理想信念、厚植爱国主义情怀、加强品德修养、增长知识见识、培养奋斗精神、增强综合素质六个方面下功夫,强调"要把立

德树人融入思想道德教育、文化知识教育、社会实践教育各环节"①。高职院校的思政课程和课程思政都需要将这些顶层要求细化为课程目标,特别是课程素质目标。

第二,两者都需要明确课程的核心素养和教学内容。课程的核心素养就是学生通过课程获得的正确价值观、必备品格和关键能力,是培养目标的具体化。高职院校的思政课程与课程思政都要围绕培养目标,思考每门课程能够为培养"时代新人"贡献什么,凝练不同课程所要培养的核心素养,体现课程的独特育人价值和共性育人要求。②课程核心素养确定后,就要构建与之相耦合的内容体系。一方面,每门课程要考虑低阶性基础内容,也就是能够为学生的终身发展起到固本强基作用的课程内容;另一方面,每门课程要考虑高阶性综合内容,要突破专业与课程之间的壁垒,努力构建大主题、大项目、大模块,加强专业与课程之间的横向贯通。思政课程借助行业与社会发展的生动案例阐释基础理论,课程思政结合行业人物的精神品质激发专业学习动力,培养学生综合运用知识和技能、方法论和价值观解决问题的能力。

第三,两者都需要明确课程实施的路径。高职院校的思政课程和课程思政在实施过程中都不是简单地围绕知识展开教学的,而都是需要围绕课程的核心素养开展的。高职院校要基于课程育人的理念,根据学生的认知发展规律改革课程实施的方法和手段,探索主题化、项目式、任务式学习,引导学生参与专业和课程领域的探究活动,使学生经历建构知识、运用技能、解决问题、创造价值的完整过程。思政课程与课程思政都要善于结合学生的生活经验实现情境教学,提高学生认识真实世界、解决真实问题的能力,强化职业教育与真实岗位的联系。要强化自主学习、差异性学习和个性化指导,充分发挥数字技术赋能教育的优势,促进线下学习与在线教学深度融合。课程实施过程本身也是"课程育人"的重要组成部分,特别是在教学过程中良好的师生关系等都可以达到"育人"的效果。

第四,两者都需要明确课程的质量评价标准。课程育人必须是一个闭环系统,设置培养目标是前提,建立教育评价是保障。课程实施结束后,需要对学生的课程学习效果进行评价,考察预期目标是否达成。高职院校的思政课

---

① 习近平.坚持中国特色社会主义教育发展道路 培养德智体美劳全面发展的社会主义建设者和接班人[N].人民日报,2018-09-11.

② 冯建军.课程育人的机制[J].北京教育(普教版),2021(06):27-28.

程和课程思政都需要根据课程的核心素养和内容体系确立质量标准,关注结果性评价和过程性评价,强化评价的指导和改进功能,将"教—学—评—改"进行有机衔接,以评促教,以评促学,螺旋上升。同时,要善于利用现代信息技术,积极探索增值性评价,捕捉学生的真实成长状况,注重提高学生自我评价、自我反思的能力,促进学生在评价中不断改进和完善自我。

无论是思政课程还是课程思政,都是要求教师把"课程"作为育人的主要阵地。课程育人必须关注培养目标设置、课程素养分解、课程内容建构、课程实施策略、课程质量评价等课程运行全生命周期。只有在全周期上体现"育人"价值,才能真正实现思政课程与课程思政的有效协同。

第二节　高职教育"价值引导"功能的复位

教育的本质是什么?教育的价值是什么?教育的功能是什么?教育的"应然"价值是如何遵循教育的本质要求进而转变为"实然"存在的?这一系列问题都关系到高职院校人才培养目标的实现。课程,作为表达教育思想、教育目标和教育内容的主要载体,在高职教育人才培养中始终处于核心地位。高职院校的课程集中体现着党的教育方针政策、国家意志和社会主义核心价值观,是学校教育教学活动的基本形态,直接影响人才培养质量。以思政课程与课程思政协同为特征的课程育人是诠释高职教育本质、体现高职教育价值、实现高职教育功能的基本教育实践样态。在课程教学中落实"立德树人"目标,也就是课程育人,是高职院校解决教育价值向教育功能转化的现实路径。

一、教育的本质:知识传递 + 价值引导

关于"教育的本质是什么?""教育的终极目标是什么?""教育将会给人类带来怎样的影响?"等问题,一直是古今中外哲学家和教育家不断探究的。所谓本质,是事物成为自身并区别于其他事物的规定性,探究教育的本质就是要找到教育与其他人类社会实践活动的区别。

"教育"一词在中国最早见于《孟子·尽心上》中,作为教育家的孟子在总结君子的三大快乐时提到:"君子有三乐,而王天下不与存焉。父母俱存,兄

弟无故，一乐也；仰不愧于天，俯不怍于人，二乐也；得天下英才而教育之，三乐也。"

其他典籍中关于"教育"的阐释也很多，比如《中庸》："天命之谓性，率性之谓道，修道之谓教。道也者，不可须臾离也，可离非道也。"又说："自诚明，谓之性。自明诚，谓之教。"《荀子·修身》："以善先人者谓之教。"《学记》："教也者，长善而救其失者也。"许慎在《说文解字》中关于"教育"的解释为："教，上所施，下所效也"，"育，养子使作善也"。"教"指的是教育者的教诲和受教育者的效法，蕴含着教育者和受教育者的共同努力；"育"就是使受教育者向好的方向发展，"育"是由"教"引发的受教育者的变化。

西方哲学家和教育家也从各个角度去努力揭开"教育"的本质。从"教育"的词源看，无论是英文"education"，法文"education"，还是德文为"erziehung"，均出自拉丁语"educere"，有"抚育、自身生成""引导、唤醒"的意思。

柏拉图认为，教育是为了以后的生活所进行的训练，它能使人变善，从而高尚地行动；苏格拉底认为，教育的首要任务是培养品德；亚里士多德认为，理性的发展是教育的最终目的；卢梭认为，教育应当依照儿童自然发展的程序，培养儿童所固有的观察、思维和感受的能力；夸美纽斯认为，假如要形成一个人，就必须由教育去形成；裴斯泰洛齐认为，教育就是依照自然的发展，发展儿童道德、智慧和身体各方面的能力；斯宾塞认为，教育就是为我们的完美生活做好准备；杜威认为，"教育即生长""教育即改造""学校即社会"，教育不是生活的准备，教育本身就是生活的过程；传统教育学之父赫尔巴特指出，道德普遍地被认为是人类的最高目的，因此也是教育的最高目的。

要素主义教育的主要代表美国教育家巴格莱认为，在人类遗产中有着"文化上各式各样最好的东西"，学校的任务就是要把这些文化的共同要素传授给年轻一代。教育是传递人类知识的过程，或者说教育是传递人类积累的知识中具有永久不朽价值的那部分的过程。德国教育家、哲学家斯普朗格重视文化及历史对人类道德行为的影响，认为教育是一种文化过程。德国著名的存在主义哲学家和教育家雅斯贝尔斯在《什么是教育》中写道："所谓教育，不过是人对人的主体间灵肉交流活动（尤其是老一代对年轻一代），包括知识内容的传授、生命内涵的领悟、意志行为的规范，并通过文化传递功能，将文化遗产教给年轻一代，使他们自由地生成，并启迪其自由天性。""教育是极其严肃的伟大事业,通过培养,不断地将新的一代带入人类优秀文化精神之中,让他们在完整的精神中生活、工作和交往。""对终极价值和绝对真理的虔敬是一切教育的本质","教育须有信仰,没有信仰就不成其为教育,而只是教学的技术而已。"

我国近代著名学者王国维在《论教育之宗旨》中提出:"教育之宗旨何在?在使人为完全之人物而已。何谓完全之人物？谓人之能力无不发达且调和是也。人之能力分为内外二者:一曰身体之能力,一曰精神之能力。发达其身体而萎缩其精神,或发达其精神而罢敝其身体,皆非所谓完全者也。完全之人物,精神与身体必不可不为调和之发达。"

近代教育家蔡元培从"养成共和国民健全之人格"的观点出发,提出的"五育"并举教育思想,成为制定民国元年教育方针的理论基础。他认为,国民教育方针"应从受教育者本体上着想,有如何能力,方能尽如何责任"。教育要从受教育者的本体出发,造就健全的人格。具体而言,健全人格的教育应该包括军国民教育、实利主义教育、公民道德教育、世界观教育和美育五个部分。在"五育"中,他特别重视公民道德教育,认为"五者以公民道德为中坚,盖世界观及美育皆所以完成美德,而军国民教育及实利主义,则必以道德为根本"。

我国著名的教育家、思想家陶行知在充分认识中国教育传统和现实的基础上,对杜威教育思想进行吸收和改造,形成了思想内涵丰富的生活德育思想。他提出"生活即教育""社会即学校"。陶行知重视在"生活教育"中道德的获得,他充分肯定教育在道德获得中的作用,认为教育对于人的道德养成具有举足轻重的作用。陶行知主张"教育就是教人做人,教人做好人,做好国民的意思"。陶行知强调"教学做合一"的原则,提出"修身伦理一类的学问,最应注意的,在乎实行。"认为将行动和思想相联系的教育方法是最好和最深刻的道德教育,能够产生新的价值。

国际21世纪教育委员会向联合国教科文组织提交的调研报告《教育——财富蕴藏其中》指出:"教育应当促进每个人的全面发展,即身心、智力、敏感性、审美意识、个人责任感、精神价值等方面的发展。应该使每个人尤其借助于青年时代所受的教育,能够形成一种独立自主的、富有批判精神的思想意识,以及培养自己的判断能力,以便由他自己确定在人生的各种不同的情况下他认为应该做的事情。"

我国20世纪80年代出版的《中国大百科全书·教育》中指出："凡是增进人们的知识和技能、影响人们的思想品德的活动,都是教育。"[①]中国现代教育理论的开创者之一顾明远教授总结："教育的本质是什么?教育的本质是传承文化,培养人才。"华东师范大学终身教授钟启泉提出："教育是奠定学生发展与人格成长的基础。"

教育是培养人的一种社会实践活动,也是人类社会特有的现象。关于教育本质问题的探讨就是要寻找到"教育之所以为教育"的根脉与灵魂。古今中外的教育家、思想家、哲学家有的从教育本质的角度,有的从教育价值的角度,有的从教育目的的角度,有的从教育方法的角度,试图回答"教育是什么"这一难题,我们不难发现"概念"的混乱是国际性的,但都不约而同地将教育的本质指向两个方面:第一,促进人的知识和技能的提升,解决对客观世界及其规律的认识问题,这体现的是教育的工具性本质;第二,促进人的价值观和道德观的形成,解决对人自身价值的认识问题,这体现的是教育的价值性本质。

二、课程育人:高职教育"价值引导"功能的复位

随着教育的飞速发展,特别是教育经济功能的凸显,我们不难发现"教育被理解成适应工程、技术和信息的变化,忽视人的整体发展,特别是无视人的精神、灵魂的个性化特征"的现象普遍存在。[②]关于高职教育的价值取向经历了"必须为无产阶级政治服务"到"服务于提高生产力""服务于社会、经济发展"的发展过程,呈现出比较明显的工具理性取向特征。长期以来,高职院校知识技能导向的课程教学惯性限制了课程育人功能的发挥,高职教育一度不知不觉成为"一台制造劳动者的机器",发挥"投资"和"生产"人力的工具理性,其"人的发展"的价值理性则被边缘化,显然偏离了教育的本质。

高职教育,作为一种支撑国家经济社会发展、培养高素质技术技能人才的类型教育,理应回归教育本质,也就是教育价值性本质和工具性本质的协同融合。在工具合理、方法科学的条件下,实现对人这一资源的充分挖掘和悉心培养,应该首先以"人"的发展与完善为基础和前提。高职教育的价值重心不应

---

① 董纯才.中国大百科全书·教育[M].北京:中国大百科全书出版社,1985:1.
② M.Dallaire. Contemplation in Liberation[M]. New York:Edwin Mellen Press,2001:154.

该仅仅局限于提高人的生命质量,关注"成为掌握知识和技能的人"的工具性和手段性,而应该更多地关注"成为全面发展的人"的自身发展的目的性。高职教育应当不仅显现人获取知识、技术等的工具理性,也应关注人内在人格、道德、品质形成的价值理性,让人能够为社会作出贡献,为人类作出贡献,以体现生命的价值。

强调课程育人,强调课程思政与思政课程的协同,就是实现高职教育其应然"价值引导"功能的复位,本质上就是高职教育兼顾工具理性和价值理性的体现。

第四章　立体式贯通：从学科德育到课程思政

用社会主义核心价值观铸魂育人，完善思想政治工作体系，推进大中小学思想政治教育一体化建设。

——《高举中国特色社会主义伟大旗帜　为全面建设社会主义现代化国家而团结奋斗》（2022年）

第一节　德育与思想政治教育的概念辨析

2019年3月18日,习近平总书记在学校思想政治理论课教师座谈会上指出,"在大中小学循序渐进、螺旋上升地开设思政课非常必要,是培养一代又一代社会主义建设者和接班人的重要保障",他还强调:"要把统筹推进大中小学思政课一体化建设作为一项重要工程……推动思政课建设内涵式发展"。同年,《关于深化新时代学校思想政治理论课改革创新的若干意见》指出,不仅要从课程目标、统编教材、备课机制等要素上全面推进大中小学思政课一体化建设,还要整体推进高校课程思政和中小学学科德育,深度挖掘高校各学科门类专业课程和中小学语文、历史、地理、体育、艺术等所有课程蕴含的思想政治教育资源,解决好各类课程与思政课相互配合的问题,发挥所有课程育人功能,构建全面覆盖、类型丰富、层次递进、相互支撑的课程体系,使各类课程与思政课同向同行,形成协同效应。2020年《新时代学校思想政治理论课改革创新实施方案》从课程目标体系、课程设置、课程内容、教材体系、组织领导等方面全面部署了大中小学思政课一体化建设。2022年《全面推进"大思政课"建设的工作方案》从大中小学思政课一体化建设指导委员会建设、一体化基地建设两个关乎机制和载体的重要方面进行了谋划。党的二十大报告指出,要"用社会主义核心价值观铸魂育人,完善思想政治工作体系,推进大中小学思想政治教育一体化建设"。"大中小学思想政治教育一体化"的提法首次出场是继"大中小学思政课一体化"提出后的整体升华和理论创新。

"一体化",表面看是一个纵向贯通的概念,但深层次看是一个立体贯通的概念,它是思政课程与课程思政协同育人的必然要求。当前,从思政课程的角度研究大中小学一体化建设成为诸多专家学者广泛参与的热点。小学和初中开设"道德与法治",高中开设"思想政治",大学开设"思想政治理论",在课程名称、课程目标、课程内容、教学方法、课程评价等方面已经陆续从一体化的角度实施改革。但是从课程思政的角度研究大中小学一体化建设就显得比较薄弱。然而,从政策文件中"推进大中小学思政课一体化建设"到"推进大中小学思想政治教育一体化建设"的表述变化可以看到,大中小学的一体化贯通已经不仅仅局限于思政课程，而是基于对教育规律和学生成长规律认识的，立足"大思政课"格局的全面的、系统的、立体的思想政治教育部署。从研究内容来看，要实现从"平面"到"立体"的贯通；从工作对象来看，要实现由"课"及"人"的延伸；从实践范围来看，要实现由"内"而"外"的联通。

一、德育和思想政治教育的概念辨析

提到"一体化"，无论是基础教育领域，还是高等教育领域其实都不陌生。从1994年《中共中央关于进一步加强和改进学校德育工作的若干意见》首次提出"整体规划学校德育体系"到2005年《教育部关于整体规划大中小学德育体系的意见》，从2010年《国家中长期教育改革和发展规划纲要（2010—2020年）》提出"构建大中小学有效衔接的德育体系"到2017年中共中央办公厅、国务院办公厅印发《关于深化教育体制机制改革的意见》提出"构建以社会主义核心价值观为引领的大中小幼一体化德育体系"，大中小学"一体化"的提出已经有近30年的时间，只是在概念使用上发生着微妙的变化，长期以来在各级各类教育政策文件中使用"德育一体化"的表述，有时也会出现"德育"和"思想政治教育"两个词混用的现象，德育与思想政治教育的边界不是很清晰。

高职院校大中小学一体化思想政治教育理论研究和实践创新首先需要从概念上进行梳理，以便于更好地抓住研究对象的本质，提出切实可行的改革策略。毛泽东同志曾经说过："科学研究的区分，就是根据科学对象所具有的特殊的矛盾性。因此，对于某一现象的领域所特有的某一种矛盾的研究，就构成某一门科学的对象。"[①]特别是高职教育，作为一种类型教育在面对"中职德育"和"高校思想政治教育"两个概念的时候，更需要对内涵和外延进行界定。

檀传宝在《道德教育的边界》中讨论"政治与道德的关系"时指出，政治和道德之间往往存在三种关系，即纯政治问题（这类问题与道德和道德教育无涉）、纯道德问题（这类问题与政治和政治教育没有直接关系）、既属于政治又属于道德的问题（这类问题同时关乎道德教育与政治教育）。[②]思想政治教育和道德教育还是不能等同的。从学科归属来看，思想政治教育是马克思主义

---

① 毛泽东选集（第1卷）[M].北京：人民出版社，1991：309.
② 檀传宝.道德教育的边界——道德教育与相关概念的关系[J].中国德育，2006(11)：6.

理论学科下的二级学科,是马克思主义的思想政治教育学科。德育是教育学学科下的二级学科,主要是关于中小学德育研究。脱胎于不同学科门类的两个研究领域应该还是略有区别的,然而,有一个非常有意思的现象,学科教学(思政)专业(即基础教育中的思政教学专业)的归属,有的高校设置在马克思主义学院,有的高校设置在教育科学学院。从这个角度来看,德育和思想政治教育之间的相似度很高,无法作出非常明晰的区分。

（一）关于"德育"概念的理解

17世纪70—80年代,德国古典哲学创始人康德提出"德育"这一名词,虽然康德所说的"德育"仅仅是指道德教育,也就是把遵从道德法则、培养自由人的教育称为"道德教育"(简称"德育"或"实践教育")。英国唯物主义哲学家、政治思想家、教育理论家洛克在《教育漫话》中首次把教育内容分为健康教育、道德教育和学问教育三个方面,提出道德教育包括善于克制自己的欲望、养成好的习惯、具有良好的礼仪、了解世故人情、懂得仁爱、具有好奇心和智慧等方面内容。19世纪,被誉为"社会达尔文主义之父"的英国哲学家、社会学家、教育家赫伯特·斯宾塞第一次明确提出教育包括智育、德育和体育,他在《教育论》中把包括智、德、体三育作为一个完整的体系进行了详细阐述。从此,"德育"逐渐成为教育领域的一个常用术语。20世纪初"德育"一词传入我国。1902年,"德育"在张百熙负责拟定的《钦定京师大学堂章程》这一官方文件中出现,提出应该将"德育"提升至"培育人材之始基"的重要地位。1904年,《奏定学堂章程》(癸卯学制)颁行,受日本影响首次规定开设修身科,列在课程之首,并纳入西方近代资产阶级德育观中体现进步性的德育内容。1906年,王国维发表《论教育宗旨》,明确提出智育、德育、美育(三者又合称"心育")和体育"四育",以培养全面发展的完全之人物,强调"道德为教育之最高目的"。1912年,蔡元培融汇中西文化,在《对于新教育之意见》中提出军国民教育、实利主义教育、公民道德教育、世界观教育、美感教育的"五育并举"思想。自此以后,"德育"一词成为我国教育界的常用概念。

关于对"德育"概念的理解,还可以从教育类辞典、国家政策文件以及德育专家的学术研究中寻找依据。

第一,从教育类辞典中寻找。《辞海》中《教育心理分册》把"德育"定义为:"向学生进行政治思想和道德品质的教育。"《中国大百科全书·教育》中"德育"的概念为:"教育者按照一定社会或阶级的要求,有目的、有计划、有组织地对受教育者施加系统的影响,把一定的社会思想和道德转化为个人的思想意识和道德品质的教育。"①《教育大辞典·教育学》中将"德育"解释为:"旨在形成受教育者一定思想品德的教育。在社会主义中国包括思想教育、政治教育和道德教育。"②

第二,从国家政策文件中寻找。部分国家教育行政部门颁布的政策文件对"德育"的外延有所规定。《中国普通高等学校德育大纲》规定:"德育即思想、政治和品德教育。"《中学德育大纲》和《中小学德育工作规程》都规定了:德育即对学生进行政治、思想、道德和心理品质教育。在道德教育、思想教育、政治教育之外,增加了心理卫生和心理健康教育。《中等职业学校德育大纲》提出"中等职业学校德育是对学生进行思想、政治、道德、法律和心理健康的教育"。对德育的界定增加了法治教育。2004年,中共中央、国务院《关于进一步加强和改进未成年人思想道德建设的若干意见》,使用了"思想道德建设"的概念。2005年,教育部《关于整体规划大中小学德育体系的意见》中写道:"德育主要是对学生进行政治、思想、道德、法制、心理健康教育。"《中小学德育工作指南》虽没有对德育进行定义,但在总体目标中提出要"养成良好政治素质、道德品质、法治意识和行为习惯,形成积极健康的人格和良好心理品质",显然也是把德育限定在思想、政治、道德、法治和心理健康教育五个方面。

第三,从德育专家的学术研究中寻找。鲁洁等教授认为:"德育是教育者根据一定社会和受教育者的需要,遵循品德形成的规律,采用言教、身教等有效手段,在受教育者的自觉积极参与的互动中,通过内化和外化,发展受教育者的思想、政治、法制和道德几个方面素质的系统活动过程。"③李伯黍、燕国材主编的《教育心理学》,虽然没有直接界定"德育"概念,但在论述德育心理时,是从道德认识、道德情感、道德行为、道德价值观的形成和发展等道德教育的各方面展开的。袁振国主编的《当代教育学》把德育明确解释为"德育即道德教育"。然而,德育概念更多是在广义上使用。詹万生在《整体建构德育体系总论》中提出"学校德育包括道德教育、法纪教育、思想教育、政治教育以及

---

① 董纯才.中国大百科全书·教育[M].北京:中国大百科全书出版社,1985:59.
② 顾明远.教育大辞典·教育学[M].上海:上海教育出版社,1990:97.
③ 鲁洁,王逢贤.德育新论[M].南京:江苏教育出版社,2004:129.

心理教育"①。胡守棻教授认为"德育就是把一定社会的思想观点、政治准则和道德规范,转化为受教育者个体的思想品德的社会实践活动",此外"同智育、体育、美育、劳动技术教育相对应的德育,是一个更广泛的概念,它是学校对青少年学生进行道德教育、政治教育和思想教育的总称"②。

随着学校教育职能和使命的不断丰富,我们不难发现,"德育"一词,从专指"道德教育"的传统狭义概念逐步发展成包含"道德教育、思想教育、政治教育、法治教育、心理健康教育"的现代广义概念。这一概念正在不断地接近"思想政治教育"概念。

(二)关于"思想政治教育"概念的理解

思想政治教育是人类社会特别是阶级形成和国家产生以来客观存在的一种社会活动。"思想政治教育"概念的产生可以追溯到马克思和恩格斯共同起草的《共产主义者同盟章程》中与之较为接近的"宣传工作"一词。之后,列宁《在全俄省、县国民教育厅政治教育委员会工作会议上的讲话》中提出"政治教育""政治教育工作"两个概念。斯大林在苏联共产党(布)第十七次代表大会的总结报告中,提出了"政治思想工作""思想工作"两个概念。中国共产党成立后,我国长期使用"政治工作"这一概念。1940年,陈云在延安抗日军政大学第五期学生毕业大会上作的《严格遵守党的纪律》讲话中较早提出"思想政治工作"一词③;1945年毛泽东在《论联合政府》中提出了"思想教育"④;1949年钱俊瑞在第一次全国教育工作会议上的总结报告要点中首次使用"政治思想教育"这一概念;1950年召开的中华全国学生联合会会议通过的《中国学生当前任务的决议》,指出中国学生"必须重视思想政治教育的学习";1951年刘少奇在《党在宣传战线上的任务》中再提"思想政治工作"的概念;1957年毛泽东在《关于正确处理人民内部矛盾的问题》中对"思想政治工作"作了进一步的阐述。此后一直沿用"思想政治工作"这一概念。1978年邓小平同志在全国教育工作会议上提出"思想政治教育"这一术语。1979年,教育部召开全国中小学思想政治教育工作座谈会。1980年,为落实《国营企业职工思想政治工作纲要(试行)》提出有条件的高校都要增设政治工作专业或

---

① 詹万生.整体构建德育体系总论[M].北京:教育科学出版社,2001:311.
② 胡守棻.德育原理[M].北京:北京师范大学出版社,1989:3.
③ 陈云文选(第1卷)[M].北京:人民出版社,1995:196.
④ 毛泽东选集(第3卷)[M].北京:人民出版社,1991:1094.

政治工作干部进修班的要求,第一机械工业部和全国机械工会在北京召开思想政治工作座谈会,提出"思想政治工作应成为一门科学"的重要论断。随后,教育部专门召开了政治工作专业论证会,最终确定学科名称为"思想政治教育学",专业名称为"思想政治教育",1984年南开大学、复旦大学等十二所院校首批增设思想政治教育专业。随着思想政治教育学科的设立和专业建设的不断发展,"思想政治教育"概念得以进一步明确和规范。

陈万柏、张耀灿主编的经典教材《思想政治教育学原理》中提出:"思想政治教育是指社会或社会群体用一定的思想观念、政治观念、道德规范,对其成员施加有目的、有计划、有组织的影响,并促使其自主地接受这种影响,从而形成符合一定社会一定阶级所需要的思想品德的社会实践活动。"同时,主张:"狭义的教育专指学校教育,即在学校内,按一定的社会要求,有目的、有计划、有组织地培养人们尤其是青少年思想品德,传授知识与技能,发展智力与体力的社会实践活动;其中对学生的思想政治教育,通常称之为'德育'。"[1]也就是在学校教育中,"思想政治教育"和"德育"两个概念可以通用。冯建军在《推进大中小学德育(思想政治教育)一体化建设》的专题讲座中梳理了"思想政治工作""思想政治教育""德育"三个相近概念,他认为思想政治工作是影响人的政治思想的工作,在教育系统之外使用较多。教育系统中,大学一般使用"思想政治教育",中小学一般使用"德育"。从这个意义上说,思想政治教育等同于德育。有大中小学德育一体化之说,也有大中小学思想政治教育一体化之说。

马克思主义理论研究和建设工程重点教材《思想政治教育学原理》提出:思想政治教育,归根到底是为了满足社会和人的发展需要,因而"思想政治教育是教育者与受教育者根据社会和自身发展的需要,以正确的思想、政治、道德理论为指导,在适应与促进社会发展的过程中,不断提高思想、政治、道德素质和促进全面发展的过程"[2]。冯刚结合这一概念在《"思想政治工作"与"思想政治教育"概念辨析》中提出:"思想政治教育的外延就是指具有思想政治教育本质属性的所有事物,应包括思想教育(也指世界观、人生观、价值观教育)、政治教育、道德教育、法治观教育、心理健康教育、创新创业教育、网络思

---

[1] 陈万柏,张耀灿.思想政治教育学原理[M].北京:高等教育出版社,2015:4.
[2] 郑永廷,等.思想政治教育学原理(第二版)[M].北京:高等教育出版社,2018:4.

想政治教育等。"①显然,思想政治教育与德育有较大的交叉性。

综上所述,关于"德育"和"思想政治教育"的概念与关系,存在三种理解:

(1)"德育"和"思想政治教育"概念的外延一致,可以通用。

(2)"德育"概念外延大于思想政治教育。

(3)"思想政治教育"概念的外延大于"德育",可以统一使用"思想政治教育"概念。

基于不同侧面的理解,对"德育"和"思想政治教育"的特征作深层次的比较分析。

(1)德育与思想政治教育在教育目标上具有一致性。德育和思想政治教育都是围绕解决"培养什么人,怎样培养人,为谁培养人"这个教育的根本问题展开的,着眼于落实"立德树人"根本任务,解决人的思想认识问题,从而培养合格建设者和可靠接班人,具有明显的时代性和阶级性。

(2)德育与思想政治教育在功能价值上具有相似性。我国的德育与思想政治教育学科建设和教育实践都是以马克思主义为指导的,都需要借助课程载体、网络载体、活动载体、文化载体、管理载体等实施,并且在实施过程中都蕴含社会性功能和个体性功能,存在社会价值和个体价值。

(3)德育与思想政治教育在教育内容上具有交叉性。政治教育、道德教育、法治教育、心理健康教育等这四个方面的内容在德育和思想政治教育中都有体现。

(4)德育与思想政治教育在路径方法上具有侧重性。思想政治教育一般以疏导、转化、宣传、灌输为主导,德育一般以传承、陶冶、体验、感染为主要方式。

(5)德育与思想政治教育在教育对象上具有层次性。德育一般面向青少年群体,也就是基础教育阶段的学生;思想政治教育主要以社会各个领域的成人为教育对象,从学校教育来看的话主要覆盖高等教育阶段的学生。也正是因为教育对象认知规律的不同,德育和思想政治教育在特性、内容、方法上有所侧重。

(6)德育与思想政治教育在教育特性上具有差异性。对青少年开展的德育虽然是按照一定社会或阶级的要求进行的思想品德引导,但主要侧重于人

---

① 冯刚,曾永平."思想政治工作"与"思想政治教育"概念辨析[J].思想理论教育,2018(01):45.

格完善、塑造心灵,改造人的主观世界。基础教育常用"德育"一词,而不用"思想政治教育"一词,突出"道德",弱化"政治"。以成人为主要对象的思想政治教育侧重于政治认同,重点是开展思想教育和政治教育,其实质是为政治服务的意识形态教育,具有鲜明的政治性和阶级性。[①]

二、大中小学思想政治教育一体化趋势中理解"德育与思想政治教育"

大中小学思想政治教育一体化并不是一个崭新的话题。2005年教育部印发《关于整体规划大中小学德育体系的意见》,按照"纵向衔接,横向贯通、螺旋上升"的思路规划了大中小学的德育目标、内容、课程以及活动。提出"整体规划大中小学德育体系,充分发挥学校教育的主渠道、主阵地、主课堂作用,是一项极为紧迫的重要任务,是加强和改进大学生思想政治教育和中小学生思想道德教育的重要举措"。2010年《国家中长期教育改革和发展规划纲要(2010—2020)》把"构建大中小学有效衔接的德育体系"作为中长期教育改革发展的重要任务。2017年,中共中央办公厅、国务院办公厅印发《关于深化教育体制机制改革的意见》,提出构建以社会主义核心价值观为引领的大中小幼一体化德育体系。

2019年3月18日,习近平总书记在学校思想政治理论课教师座谈会上指出:"要把统筹推进大中小学思政课一体化建设作为一项重要工程。"党的二十大报告指出:"用社会主义核心价值观铸魂育人,完善思想政治工作体系,推进大中小学思想政治教育一体化建设。"由此可见,在讲到"大中小学一体化"的时候,"大中小学思想政治教育一体化"的提法逐步取代了"大中小学德育一体化"。

基于此,我们可以将"德育"和"思想政治教育"适度区分。以未成年人为对象,在基础教育领域(含中小学、中职)建议使用"德育"概念,与智育、体育、美育、劳育形成"五育并举",侧重人格完善;以成年人为对象,在高等教育领域(高职、本科及以上)使用"思想政治教育"概念,与军队思想政治教育、农村思想政治教育、社区思想政治教育、企业思想政治教育等其他领域保持一致,侧重政治认同。如果谈及大中小学一体化问题,目前建议使用最新的"大中

---

① 祖嘉合.略论德育和思想政治教育的适度区分[J].思想教育研究,2011(02):5-9.

小学思想政治教育一体化"提法。大中小学思想政治教育一体化，不仅需要重视思想政治理论课程这一关键课程的一体化建设，更需要关注从"学科德育"到"课程思政"这一延伸阵地的纵向贯通。

第二节　大中小学课程思政一体化：从学科德育到课程思政

从教育学的角度看，"课程思政"并不是一个全新的概念，与基础教育领域的"学科德育"表达的意思相似。基础教育的学科德育工作起步较早、基础扎实、标准统一。我们不妨从学科德育比较成熟的发展成果中寻找高职院校课程思政建设的方法和路径，立足大中小学课程思政一体化，全面系统地思考课程思政建设问题。

一、从学科德育发展成果中迁移课程思政建设方略

为贯彻落实《中共中央国务院关于深化教育改革全面推进素质教育的决定》和《国务院关于基础教育改革与发展的决定》，2001年6月，教育部印发《基础教育课程改革纲要（试行）》（简称《纲要》），启动新一轮基础教育领域的课程改革。《纲要》明确，新课程的培养目标应体现时代要求，要使学生具有爱国主义、集体主义精神，热爱社会主义，继承和发扬中华民族的优秀传统和革命传统；具有社会主义民主法制意识，遵守国家法律和社会公德；逐步形成正确的世界观、人生观、价值观；具有社会责任感，努力为人民服务；具有初步的创新精神、实践能力、科学和人文素养以及环境意识；具有适应终身学习的基础知识、基本技能和方法；具有健壮的体魄和良好的心理素质，养成健康的审美情趣和生活方式，成为有理想、有道德、有文化、有纪律的一代新人。

课程改革的具体目标为："改变课程过于注重知识传授的倾向，强调形成积极主动的学习态度，使获得基础知识与基本技能的过程同时成为学会学习和形成正确价值观的过程。"在具体实施过程中，基础教育的课程目标分解转变为"知识与技能""过程与方法""情感态度与价值观"三个维度，也就是每

一个学科必须明确构成该学科的基础知识和基本概念体系、知识体系背后的思维与行为方式以及思维与行为方式背后的情感、态度和价值观这三个层次的要求。这项改革要求教师对课程的理解发生根本性变化，明确要求教师在教授知识和技能的过程中，有意识地对学生进行正确的情感态度价值观引导，从重知识技能的"结果导向"转向关注学生情感体验和参与度的"过程导向"。改革的目标显然更加强调在教学过程中充分发挥课程的育人价值与功能，强调育人与学科教学的紧密融合，可以看作是贯彻"学科德育"理念的具体性要求。

2017年，教育部关于印发《中小学德育工作指南》（简称《指南》）的通知，明确了以"理想信念教育、社会主义核心价值观教育、中华优秀传统文化教育、生态文明教育、心理健康教育"五大方面为核心的德育内容，搭建了"课程育人、文化育人、活动育人、实践育人、管理育人、协同育人"等六大育人体系。《指南》对"课程育人"工作进行了非常详细的部署，强调："充分发挥课堂教学的主渠道作用，将中小学德育内容细化落实到各学科课程的教学目标之中，融入渗透到教育教学全过程。严格落实德育课程。按照义务教育、普通高中课程方案和标准，上好道德与法治、思想政治课，落实课时，不得减少课时或挪作他用。要围绕课程目标联系学生生活实际，挖掘课程思想内涵，充分利用时政媒体资源，精心设计教学内容，优化教学方法，发展学生道德认知，注重学生的情感体验和道德实践。发挥其他课程德育功能。要根据不同年级和不同课程特点，充分挖掘各门课程蕴含的德育资源，将德育内容有机融入各门课程教学中。"《指南》还对理科类、人文类、外语类、实践类、地方类课程、校本类课程在课程育人工作中的侧重点进行了明确要求。基础教育中的"学科德育"理念以及实践路径在该《指南》中表达得十分清晰。

2019年3月18日，学校思想政治理论课教师座谈会召开之后，围绕"立德树人"根本任务的落实，国家积极统筹思想政治教育工作，从基础教育到高等教育出台一系列贯通性文件。

2019年6月，中共中央、国务院印发的《关于深化教育教学改革全面提高义务教育质量的意见》强调义务教育的基本要求是：树立科学的教育质量观，深化改革，构建德智体美劳全面培养的教育体系，健全立德树人落实机制，着力在坚定理想信念、厚植爱国主义情怀、加强品德修养、增长知识见识、培养奋斗精神、增强综合素质上下功夫。坚持德育为先，教育引导学生爱党爱国爱人民爱社会主义；坚持全面发展，为学生终身发展奠基；坚持面向全体，办好每所学校、教好每名学生；坚持知行合一，让学生成为生活和学习的主人。该意见在部署"坚持'五育'并举，全面发展素质教育的具体措施"方面工作时，将"突出德育实效"放在首要位置，特别强调完善德育工作体系，深化课程育人、文化育人、活动育人、实践育人、管理育人、协同育人。显然，课程育人是德育工作的关键。

2019年6月，国务院办公厅印发的《关于新时代推进普通高中育人方式改革的指导意见》强调突出德育的时代性，这就要求育人方式改革首先回答好"为谁培养人"的根本问题。"坚持把立德树人融入思想道德教育、文化知识教育、社会实践教育各环节。""要结合实际制定德育工作实施方案，突出思想政治课关键地位，充分发挥各学科德育功能，积极开展党团组织活动和主题教育、仪式教育、实践教育等活动。"勾勒了高中德育工作的基本路径。

从教育政策的要求看，除了义务教育阶段的"道德与法治"课程、高中阶段的"思想政治"课程专门从事德育之外，其他学科课程也需要充分发挥课堂教学的主渠道作用，将中小学德育内容细化并落实到各学科课程的教学目标之中，融入教育教学全过程，渗透到学生的内心并付诸行动。

2022年4月，教育部正式颁布《义务教育课程方案(2022年版)》及语文等各科16个课程标准(简称"新课标")。这套课程方案和课程标准明确提出强化"育人导向""目标导向"和"素养导向"，通过厘定"有理想、有本领、有担当"的培养目标，强调"适应未来发展的正确价值观、必备品格和关键能力"的全面发展，对义务教育"培养什么人"的根本问题做出整体刻画，鲜明地体现了"课程育人"的理念，"学科德育"要求更加具体。例如，语文课程培养的核心素养是：文化自信、语言运用、思维能力、审美创造；总目标中提到"认识中华文化的丰厚博大，汲取智慧，弘扬社会主义先进文化、革命文化、中华优秀传统文化，建立文化自信"。"关心社会文化生活""增强社会责任意识""感受多样文化，吸收人类优秀文化的精华"等都属于"学科德育"的要求。又如，科学课程培养的核心素养是：科学观念、科学思维、探究实践、态度责任；总目标中提到"能大胆提出自己的见解，并基于证据和逻辑得出结论，实事求是；不迷信权威，敢于大胆质疑，追求创新；善于与他人合作和分享，包容不同的观点；热爱自然、珍爱生命，具有保护环境、节约资源、推动生态文明建设和可持续发展的责任感；能对与科学技术相关的社会热点问题作出正确的价值判断，尊重科学，反对迷信；遵守科学与技术应用的公共规范、法律法规和伦理道德，维护自身和他人的合法权益，捍卫国家利益"等要求，都属于"学科德育"的范畴。

近二十年来，基础教育阶段从国家课程标准的校本化实施，到校本课程的开发，再到德育课程一体化，中小学进行了丰富的学校课程开发和德育课程整合。课程，作为德育的主渠道和主阵地，回归"人"的成长的呼唤显得越来越强烈。各门学科课程不断克服"教书"与"育人"两张皮的惯性，从知识本位走向育人本位，根据自身的学科特点融合共同的德育目标，重构"具有道德责任"的学校课程，回应新时代"课程育人"的建设要求。

二、义务教育阶段课程标准中的学科德育体系设计逻辑

无论是语文、数学、英语课程，还是地理、化学、科学、劳动、历史、生物、体育、物理、信息、艺术等课程，《义务教育课程方案（2022年版）》都从课程性质、课程理念、课程目标、课程内容、学业质量和课程实施等维度进行了规定，深度挖掘和阐释了各门课程的独特育人功能，成为学校开展教材编写、教学、考试评价以及课程实施管理的直接依据。

（一）凝练每门课程培育的核心素养（明确目标）

以核心素养为主轴来构建各学科的课程标准是义务教育阶段新课程标准制定的有益尝试。核心素养作为课程的"DNA"，蕴藏着整套课程的全部密码，是课程体系的"基质"和纲领，也是落实学科德育要求的起点。凝练课程培育的核心素养，挖掘课程的独特育人价值，有助于解决三维目标与人的发展的统一性问题。在新课程标准中，人的发展被转化和具体化为核心素养的发展，课程标准中关于课程内容的选择、组织、建构都围绕、体现核心素养，并最终转化为核心素养，有利于人的发展和课程内容建立起有机统一的联系。正如义务教育课程方案修订组组长崔允漷所言：凝练课程培育的核心素养"一方面直接承接于课程育人目标，有利于让学科教育'回家'；另一方面明确了学生学习某学科课程后应达成的正确价值观、必备品格和关键能力，对前述三维目标进行了上位的有效统整，从而避免了实践中三维目标走向割裂"（参见表4-1）。

（二）将学科德育建设融于课程标准各部分（细化要求）

在明确核心素养的基础上，课程标准围绕课程性质、课程理念、课程目标、

课程内容、课程实施、课程评价等方面阐述课程改革的方向和举措,学科德育建设的具体要求在这些版块得以全面体现。不妨以语文课程为例,提取课程标准中学科德育的具体要求,全面了解义务教育阶段在学科德育建设上的基本思路和实施策略。

由此可见,义务教育阶段新课程标准已经全面贯彻了学科德育的要求,围绕核心素养要求进行全过程、全要素部署,为高职院校进一步落实落细课程思政可以提供基本思路(参见表4-2)。

三、大中小学课程思政一体化:从学科德育到课程思政

同向同行,思政课程与课程思政协同育人的核心词汇,我们一般会理解为是同一教育阶段之间两个课程育人模块的"横向融通"。随着"大中小学思想政治教育一体化"概念的提出,"同向同行"的内涵更为立体,不同教育阶段之间课程育人模块的"纵向贯通"理应纳入同向同行的重要组成部分。

基础教育阶段的"学科德育"起步较早,长期以来高度重视各门课程的德育目标确立和实现路径,不仅为高职院校"课程思政"的发展提供了方法论的指导,更为大中小学思想政治教育一体化建设打下了坚实的基础。从"学科德育"到"课程思政"的纵向衔接,需要与大中小学思政课一体化同向同行、同步推进。

(一)"学科德育"与"课程思政"的相似之处

就"德育"与"思政"、"学科"与"课程"这两对概念来说,它们的内涵和外延有所区别。但是,"学科德育"和"课程思政"内在也有诸多相似点。这些相似点是贯通"学科德育"与"课程思政"的重要基础。

(1)两者具有共同的理论基础。"坚持马克思主义在意识形态领域指导地位的根本制度"是落实"学科德育"和"课程思政"的根本遵循。马克思主义、马克思主义中国化时代化理论是"学科德育"和"课程思政"共同的理论基础。特别是人的本质和人的全面发展思想、社会存在和社会意识相互关系的学说、唯物辩证法等等,都是"学科德育"与"课程思政"实施过程中依托的基本理论。

(2)两者具有共同的实践特性。"学科德育"与"课程思政"都属于上层建筑的组成部分,是不同学段筑牢意识形态课堂主阵地的重要举措。两者都通过潜移默化的方式让学生认同和内化特定的社会道德规范与思想政治意

表4-1　义务教育阶段各门课程培育的核心素养

课程	培育的核心素养
道德与法治	政治认同、道德修养、法治观念、健全人格、责任意识
语文	文化自信、语言运用、思维能力、审美创造
历史	唯物史观、时空观念、史料实证、历史解释、家国情怀
英语（日语、俄语）	语言能力、文化意识、思维品质、学习能力
数学	会用数学的眼光观察现实世界，会用数学的思维思考现实世界，会用数学的语言表达现实世界
地理	人地协调观、综合思维、区域认知、地理实践力
科学	科学观念、科学思维、探究实践、态度责任
化学	化学观念、科学思维、科学探究与实践、科学态度与责任
物理	物理观念、科学思维、科学探究、科学态度与责任
生物	生命观念、科学思维、探究实践、态度责任
体育与健康	运动能力、健康行为、体育品德
信息科技	信息意识、计算思维、数字化学习与创新、信息社会责任
艺术	审美感知、艺术表现、创意实践、文化理解
劳动	劳动观念、劳动能力、劳动习惯和品质、劳动精神

识，都具有明显的阶级性和时代性特征。在教育过程中，两者主客体发生联系的路径都表现为课堂内容渗透、学习任务融入、学习方法创新等。

（3）两者具有共同的价值功能。"学科德育"与"课程思政"都具有促进社会发展与个体发展的双重功能。从社会层面看，两者都具有经济功能、政治

表4-2　义务教育阶段"语文"课程学科德育要求的提取

课程性质中的德育要求	● 积淀丰厚的文化底蕴，继承和弘扬中华优秀传统文化、革命文化、社会主义先进文化，增强对习近平新时代中国特色社会主义思想的理解和认识，全面提升核心素养。 ● 为学生形成正确的世界观、人生观、价值观，形成良好个性和健全人格打下基础；为培养学生求真创新的精神、实践能力和合作交流能力，促进德智体美劳全面发展及学生的终身发展打下基础。 ● 语文课程在推广普及国家通用语言文字、增强凝聚力、铸牢中华民族共同体意识，建立文化自信、培育时代新人，实现中华民族伟大复兴等方面，具有不可替代的优势。

续表

课程理念中的德育要求	● 吸收古今中外优秀文化成果，提升思想文化修养，建立文化自信，德智体美劳得到全面发展。 ● 强调内容的典范性，精选文质兼美的作品，重视对学生思想情感的熏陶感染作用，重视价值导向，突出社会主义先进文化、革命文化、中华优秀传统文化。	
课程目标中的德育要求	核心素养内涵	● 文化自信是指学生认同中华文化，对中华文化的生命力有坚定信心。通过语文学习，热爱国家通用语言文字，热爱中华文化，继承和弘扬中华优秀传统文化、革命文化、社会主义先进文化，关注和参与当代文化生活，初步了解和借鉴人类文明优秀成果，具有比较开阔的文化视野和一定的文化底蕴。
课程内容中的德育要求	总目标	● 在语文学习过程中，培养爱国主义、集体主义、社会主义思想道德，逐步形成正确的世界观、人生观、价值观。 ● 热爱国家通用语言文字，感受语言文字及作品的独特价值，认识中华文化的丰厚博大，汲取智慧，弘扬社会主义先进文化、革命文化、中华优秀传统文化，建立文化自信。 ● 关心社会文化生活，积极参与组织校园、社区等文化活动，发展交流、合作、探究等实践能力，增强社会责任意识。感受多样文化，吸收人类优秀文化的精华。
课程内容中的德育要求	学段要求	● 第一学段（1~2年级） 注重引导学生关注中华优秀传统文化在日常生活中的表现，初步感受中华优秀传统文化的重要价值；初步懂得幸福生活是革命前辈浴血奋战、艰苦奋斗换来的，激发对革命领袖、革命家、英雄人物的崇敬之情。 ● 第二学段（3~4年级） 注重感悟国家通用语言文字的文化内涵，初步认识中华优秀传统文化蕴含的思想和智慧；感悟革命英雄、模范人物的爱国主义情怀和高尚品质，激发向英雄模范学习的意愿和行动，培养对中国共产党和中华人民共和国的朴素情感，增强民族自豪感。 ● 第三学段（5~6年级） 注重了解中华优秀传统文化的源远流长、丰富多彩，提升自身中华优秀传统文化修养；感受先贤志士的人格魅力，感悟老一辈无产阶级革命家的英雄气概、优良作风和高尚品质，体会捍卫民族尊严、维护国家利益和世界和平的伟大精神。 ● 第四学段（7~9年级） 注重理解中华优秀传统文化蕴含的核心思想理念、中华人文精神和传统美德，表达自己作为中华民族一员的归属感和自豪感；体会中国共产党在长期奋斗历程中培育形成的崇高精神和人格风范，体认英雄模范忠于祖国和人民的优秀品质，培育民族气节和爱国主义情怀。

续表

课程内容中的德育要求	主题与载体形式	● 中华优秀传统文化 围绕创造性转化和创新性发展要求，确定中华优秀传统文化内容主题，注重弘扬讲仁爱、重民本、守诚信、崇正义、尚和合、求大同等核心思想理念；弘扬有利于促进社会和谐、鼓励人们向上向善的中华人文精神；弘扬自强不息、敬业乐群、扶危济困、见义勇为、孝老爱亲等中华传统美德。 主要载体为汉字、书法、成语、格言警句，神话传说、寓言故事、历史故事、民间故事、中华民族团结一家亲的故事、古代诗词、古代散文、古典小说，古代文化常识，传统节日、风俗习惯等。 ● 革命文化 围绕伟大建党精神，确定革命文化内容主题，注重反映理想信念、爱国情怀、艰苦奋斗、无私奉献、顽强斗争和英勇无畏等革命传统。 主要载体为老一辈无产阶级革命家和革命英雄人物的代表性作品及反映他们生平事迹的传记、故事等作品，反映党领导人民革命的伟大历程和重要事件的作品，有关革命传统人物、事件、节日、纪念日活动等方面的作品，阐发革命精神的作品，革命圣地、革命旧址和革命文物等。 ● 社会主义先进文化 围绕社会主义核心价值观，确定社会主义先进文化内容主题，突出爱党、爱国、爱社会主义相统一。 主要载体为反映社会主义建设事业中取得的重大成就、涌现出来的模范人物与先进事迹的作品；反映当代中国从站起来、富起来到强起来的奋斗历程和重大事件，以及体现中国式现代化新道路和人类文明新形态的相关作品；反映和谐互助、共同富裕、改革创新、劳动创造美好生活等方面的作品。
课程实施中的德育要求	教学建议	● 教师应理解核心素养的内涵，全面把握语文教学的育人价值，突出文以载道、以文化人。把立德树人作为语文教学的根本任务，清晰、明确地体现教学目标的育人立意。引导学生在学习语言文字运用的过程中，逐步树立正确的世界观、人生观、价值观，体认和传承中华优秀传统文化、革命文化、社会主义先进文化，积淀深厚的文化底蕴，增强文化自信。
	评价建议	● 过程性评价要拓宽评价视野，倡导学科融合。把学生参与社会实践、志愿服务和跨学科主题活动的表现纳入评价范畴。 ● 学业水平考试强调参与当代文化生活，关注学生对社会主义先进文化、革命文化、中华优秀传统文化的体认。综合型题目或任务要充分体现阅读与鉴赏、表达与交流、梳理与探究的整合，在命题材料和社会生活实际之间找到结合点，引导学生围绕话题或现象，深入思考探究，综合分析解决问题，在学以致用的过程中展现正确的世界观、人生观、价值观。

续表

课程实施中的德育要求	教材编写建议	● 教材编写要以马克思主义为指导,坚持立德树人,体现社会主义核心价值观;坚持面向现代化、面向世界、面向未来;贯彻国家课程改革的精神,全面落实义务教育语文课程标准要求。 ● 教材编写要高度重视继承和弘扬中华优秀传统文化、革命文化、社会主义先进文化,赓续红色血脉,自觉维护国家统一和民族团结,理解和尊重多样文化;要有助于学生铸牢中华民族共同体意识,增强中华民族自尊心、爱国情感、集体意识和文化自信,形成正确的世界观、人生观、价值观。 ● 教材选文要体现正确的政治导向和价值取向,文质兼美,具有典范性,富有文化内涵和时代气息。

功能、文化功能等;从个人层面看,两者都具有个体品德发展功能、个体智能发展功能、个体社会化功能等。[①]

（二）"课程思政"与"学科德育"一体化建设的基本原则

大中小学课程思政一体化建设需要各个教育阶段之间的相互衔接和默契配合。从小学阶段的"播种"启蒙期,到中学阶段的"拔节"成长期,再到大学阶段的"孕穗"成熟期,上一学段是下一学段的前提和基础,下一学段是上一学段的提升和发展。大学阶段的课程思政与中小学阶段的学科德育必须一以贯之,需要沿着既定的发展目标和共同的价值追求不断循序渐进、螺旋式上升,大中小学课程思政是不可分割的有机整体。

1. 以"立德树人"为根本任务

1978年世界各国诺贝尔奖获得者齐聚巴黎,有一位记者问当年的物理学奖获得者卡皮察,"在您的一生中,您认为最重要的东西是在哪所大学、哪所实验室里学到的?"他说:"我个人觉得,一生中最重要的阶段,不是在大学,也不是在实验室,而是在幼儿园。""在幼儿园,我学到了不是自己的东西不要拿、做错事要道歉、仔细观察大自然,从根本上说,这是一生学到的最重要的东西。"[②]这位诺奖获得者的回答看似不可思议,但道出了教育的根本——那就是立德树人。

著名教育学家赫尔巴特说:"我想不到有任何'无教学的教育',正如相

---

① 葛卫华.厘定与贯连:论学科德育与课程思政的关系[J].中国高等教育,2017(Z3):25-27.
② 张玉芹.学前教育要重视人格与行为习惯的培养[J].人民教育,2021(12):80.

反方面，我不承认有任何'无教育的教学'。"①课程思政的推进必然要以立德树人为根本遵循。党的十八大报告首次提出"把立德树人作为教育的根本任务"。习近平总书记强调："要把立德树人融入思想道德教育、文化知识教育、社会实践教育各环节，贯穿基础教育、职业教育、高等教育各领域。""教师要围绕这个目标来教，学生要围绕这个目标来学。"②立德树人是发展中国特色社会主义教育事业的核心所在，是培养德智体美劳全面发展的社会主义建设者和接班人的本质要求，其揭示了教育的本质，揭示了德育在人的全面发展中的突出地位，也揭示了道德发展与人的全面发展的辩证关系，极大地丰富了人才培养的深刻内涵。课程是教育思想、教育目标和教育内容的主要载体，集中体现国家意志和社会主义核心价值观，是学校教育教学活动的基本依据，直接影响人才培养质量。"课程思政"与"学科德育"纵向的一体化贯通都是通过课程实现的，要始终以立德树人为根本。不同学科、不同专业、不同课程都要聚焦教育的目标使命，充分调动各类课程中的思想政治教育资源，挖掘各自独特的育人优势和育人价值，注重知识传授、素质养成、能力塑造三维目标的建立和达成。在知识传授中，要注重不同学段学生循序渐进地掌握专业知识，扩展知识储备，建构知识体系；在价值养成中，要帮助学生树立正确的世界观、人生观、价值观，帮助学生自觉树立马克思主义信仰、中国特色社会主义信念和实现中华民族伟大复兴中国梦的信心，为学生的成长成才注入强劲的精神动力；在能力塑造中，要引导学生从各类课程中掌握事物的基本规律和解决问题的科学方法，在理论与实践的结合中塑造必备品格、锤炼关键能力。

2. 以"五育融合"培养全面完整的人为具体目标

从蔡元培军国民教育、实利主义教育、公民道德教育、世界观教育、美感教育的"五育并举"思想到新时代"德育、智育、体育、美育、劳育"的"五育融合"，继承马克思主义"人的全面发展"理论培养全面完整的人始终是各级各类教育追求的目标。"课程思政"与"学科德育"纵向的一体化贯通要立足"大思政"的格局，将"五育融合"培养全面完整的人作为重要指针，在不同学段的教学内容上注重五育之间的相互支撑与渗透。"五育融合"就是要讲求整体性、协同性和关联性，改变以往"重智育、轻德育、薄体美、弱劳育"的现象，打

---

① 朱正贵.赫尔巴特的教学论及其历史命运[J].西北师大学报（社会科学版），1984(03):116.
② 习近平.坚持中国特色社会主义教育发展道路 培养德智体美劳全面发展的社会主义建设者和接班人[N].人民日报，2018-09-11.

破学科逻辑和领域界限，实现跨学科、跨专业、多学科协同的整体教育，注重系统培养，搭建能够推进学生全面发展的高阶课程，形成相互渗透、相互依存的有机体。

以高职院校"创新思维与创业实务"课程为例，从课程思政的角度来说，该课程可以根据课程目标和内容构成，有机融入习近平总书记给参加第三届中国"互联网+"大学生创新创业大赛"青年红色筑梦之旅"的大学生回信内容中所强调的家国情怀、使命担当；融入社会主义核心价值观的价值追求、团队精神和契约精神；融入历史唯物主义、人民至上的观点；融入地方特有的各大商帮精神（如晋商精神、徽商精神、锡商精神等）和企业家精神；融入激烈的竞争环境中增强体质、健全人格的要求，形成迎难而上、坚毅前行的品质；融入对生活的积极态度，注重生活和工作的品位和细节，以审美的眼界和方法来表达对生活的感受；融入敢闯敢创的激情和勇气，激发学生热爱劳动、崇尚劳动、乐于劳动的内在动力；融入结合校本培养的创业故事和典型人物，由近及远、由表及里、由浅入深地引导学生理解创新创业的内涵和实质，在参与实践的基础上，体悟思想政治教育的引领作用，在潜移默化中实现"五育融合"。

（三）"课程思政"与"学科德育"一体化建设的衔接路径

"课程思政"与"学科德育"一体化建设是一项长期、持续的系统工程，需要系统谋划、协同配合、整体推进。

1. 构建"大格局"：顶层设计一体化

目前，人类底层的思维方式包括发散思维、水平思维、收敛思维、系统思维。从系统思维的角度看，"课程思政"与"学科德育"一体化首先就是需要进行宏观和中观层面的顶层设计，系统构建课程思政一体化建设目标和内容。国家层面要出台大中小学课程思政一体化建设指导性文件，从重要意义、总体要求、目标任务、方式方法、队伍建设、过程管理、考核机制、加强领导等方面统筹规划，为具体实施提供全面而系统的指导；不同地区应成立大中小学思想政治教育（含思政课程与课程思政）一体化建设协作机制，由教育主管部门负责人、专家学者、学校分管领导、课程教师等组成，构建本地区大中小学课程思政一体化建设运行体系，加强对课程思政建设的分类指导，全面赋能课程思政的高质量发展；学校应结合本校实际，把握不同学段、不同类型课程的课程思政目标，制订具体的实施方案，坚持"小学阶段重在启蒙道德情感，初中阶段重在打牢思想基础，高中阶段重在提升政治素养，大学阶段重在增强使命担当",推动课程思政一体化落地生根;要关注政府、学校、家庭、社会等不同主体在课程思政一体化推进中的重要作用,加强分工协作,坚持立德与树人相统一,贯彻"三全育人",从而真正实现立体化全方位的知识传授、价值塑造和能力培养相统一。

2. 聚合"大资源":元素挖掘一体化

"课程思政"与"学科德育"一体化就要打破思政课一体化的垂直"孤岛"效应,需要解决话语体系的整合问题,形成课程思政的话语自信。需要挖掘辐射全程、内容充分、分层递进、互相支撑的大中小学课程思政元素,形成符合大中小学课程思政一体化建设需要的教材内容和素材资源。从思政元素挖掘的广度看,无论是中小学的学科课程,还是中高职教育的通识课程和专业课程,各学段的各门课程在传授知识和技能的同时,都具有思想政治教育的功能,必然要实现思政课程的全覆盖。从课程思政挖掘的深度看,每门课程要结合自身课程的特点,以社会主义核心价值观为引领,挖掘课程中比较典型的思政元素并加以深度融入,例如艺术课程中"文化自信"元素挖掘、理工课程中的"科技强国"元素挖掘,数学课程中"科学精神"元素挖掘,语文课程中"家国情怀"元素挖掘,创业课程中的"企业家精神"元素挖掘等等,要找到每个领域的课程在思想政治教育方面的最佳契合点,在纵向上做相对聚焦的挖掘和渗透。每个学段的教材均要根据课程目标形成内容体系,发挥"承上启下"的作用,确保各学段之间教材内容的"无缝衔接"。从思政元素挖掘的效度看,要对各门课程中蕴含的思政元素进行多维整合,根据各学段学生的成长规律和教育发展规律,既聚焦统一目标又尊重学生个性,使不同学段、不同课程中的思政元素衔接融合,让学生在丰富的生活化体验中得到思想政治素养的提升,形成螺旋上升的进阶式育人生态。

3. 搭建"大平台":协同联动一体化

"课程思政"与"学科德育"一体化要引入"无界化"组织管理模式,打破学段和课程之间的传统限制,通过体制机制优化和数字化手段应用实现资源和人才的共享。大中小学可以在教育主管部门的指导下建立课程思政一体化建设平台,由不同学段中同一学科或相近学科组成研究会,定期开展教学研讨、专题培训、课题研究等,共同探讨和破解课程思政一体化建设中的难点问题;可依托数字化技术,建设由不同层面的线上交流培训平台,开展线上线下相结合的互动研讨;建立网上共享资源平台,实现一定区域内的大中小学课程思政信息和资源的共享，不断丰富大中小学课程思政建设的资料库，增强课程思政资源的有效供给能力，更好地发挥课堂主阵地作用。大中小学要探索课程思政一体化联动机制。不同学段之间可以进行教学场所、教学设施、图书资源、师资团队等方面的资源共享，通过结对共建、县区联盟等形式建立稳定的合作关系，共同研制有效的教学改革举措，探索构建"大中小学课程思政一体化链式协作"模式。

4. 打造"大师资"：师资培育一体化

"课程思政"与"学科德育"一体化教学改革的关键在教师。大中小学课程思政一体化作为一项系统工程，需要不同学段任课教师、辅导员、班主任、管理队伍"团队作战"。不同学校、不同学段、不同课程的教师要深刻认识课程思政一体化建设的使命，牢固树立课程思政一体化意识，不仅要"守好一段渠"，做好本学段本课程的课程思政落实，还要关注"生态系统"，为一体化协同创造条件。大中小学课程思政一体化平台可以通过某一系列课程打造为牵引，推动大中小学教师队伍一体化培训和建设，如"中国系列""地方特色系列"等。结合大中小学生的认知特点，"中国系列""地方特色系列"课程内容和课程特征可以分别开发高校版、中学版、小学版课程。以某一主题的纵向课程为纽带，加强各学段教师队伍的对接，开展集体备课和研讨，一体化推动大中小学教师深入研究阐释习近平新时代中国特色社会主义思想，一体化讲好中国故事，系统引领学生坚定"四个自信"。教育主管部门要通过专题研修、网络自学、课题研讨等方式，推动教师系统掌握马克思主义理论、马克思主义中国化时代化理论、思想政治教育基本理论等，全面熟悉习近平新时代中国特色社会主义思想、中国共产党党史、新中国史、改革开放史、社会主义发展史以及社会主义核心价值观等课程思政蕴含的基础理论。全体教师要打破思维定势，熟练掌握大中小学生的道德生成机制和思想政治教育规律，在传道授业中发现学生的思想之困，找到课程思政解决困惑的突破点和着眼点，引导学生塑造正确的世界观、人生观、价值观，在学生成长成才的全周期中履行育人使命。

5. 推动"大评价"：考核体系一体化

评价是教育教学活动开展的"指挥棒"，当然也是"课程思政"与"学科德育"一体化建设的关键点。宏观层面，需要统筹制定推动大中小学课程思政一体化管理实施办法，加强对各学校课程思政实施情况的过程管理和动态监测，在实践过程中不断总结、修正、提升、推广，形成协同效应。微观层面，要建立科学有效的教师教学质量评价体系和学生学业水平评价体系。要根据课程思政的特点综合使用定性与定量评价、形成性与终结性评价、统一性与个性化评价，围绕不同学段、不同学校、不同课程、不同教师的特点，突出实施效果，注重特色打造，制定各个层面的工作考核机制。要系统化落实《关于深化新时代学校思想政治理论课改革创新的若干意见》中的相关要求和举措，从经费支持方面对可复制、有效果的先进做法进行激励，从职称评聘方面对能够驾驭课程思政的优秀教师进行表彰。教育主管部门要积极组织遴选不同学段的课程思政一体化示范学校、课程思政一体化示范精品课程、课程思政一体化教学名师和团队、课程思政一体化教学研究示范中心等项目，形成一大批有推广价值的课程思政建设标杆。要通过科学合理的评价，激发课程思政在办学机制运行中的导向作用，激发大中小学教师落实课程思政的内生动力。

第五章　高职院校课程思政的目标愿景与生成路径

  课程思政建设内容要紧紧围绕坚定学生理想信念，以爱党、爱国、爱社会主义、爱人民、爱集体为主线，围绕政治认同、家国情怀、文化素养、宪法法治意识、道德修养等重点优化课程思政内容供给，系统进行中国特色社会主义和中国梦教育、社会主义核心价值观教育、法治教育、劳动教育、心理健康教育、中华优秀传统文化教育。

——《高等学校课程思政建设指导纲要》（2020年）

第一节　高职教育变革与思想政治教育的适应性

从2014年国务院召开全国职业教育工作会议出台《关于加快发展现代职业教育的决定》，到2018年全国教育大会之后，国务院印发《国家职业教育改革实施方案》（简称"职教20条"）指出"职业教育与普通教育是两种不同教育类型，具有同等重要地位"；从2021年全国职业教育大会提出"建设技能型社会"的理念和战略，到2022年修订《职业教育法》，出台《关于深化现代职业教育体系建设改革的意见》……党的十八大以来，我国职业教育牢牢抓住大改革、大发展的历史机遇期，走上了内涵式、跨越式发展之路，职业教育面貌发生了格局性变化。党和国家对职业教育的战略定位越来越突出、实践要求越来越明确、规律认识越来越深入，职业教育在整个教育体系中的分量越来越重。从"层次教育"到"类型教育"，高职教育逐渐成为一种对经济社会和个体发展具有特定功能的教育，作为面向人人的终身教育、面向市场的就业教育、面向能力的实践教育、面向社会的跨界教育，已然迈入了提质培优、增值赋能的高质量发展新阶段。在全面建设社会主义现代化国家新征程中，职业教育前途广阔、大有可为。

高职教育办学方式、人才培养、社会功能等一系列定位日益明确，被视为与普通教育有着不同社会经济功能的一种教育类型，同时引发着高职教育人才培养目标、课程体系、教学手段与方法等方面的颠覆性变革。作为新时代的高职院校教师，如何适应高职教育发展变革，站在"大思政"格局下协同推进思政课程与课程思政，推进思想政治教育，培养担当民族复兴大任的高素质技术技能人才，值得深入思考。

一、高职教育跨越式发展带来的三大变革

（一）高职教育对象的多样化

随着高职教育的不断改革与发展，高职教育对象正呈现出多样化的特点。就其生源而言，主要有三种类型。

其一，普通高中后生源。这是高职教育现在的主要生源，同时随着高等教

育大众化进程的加快,这一类生源的素质跨度和差异性随之增强。

其二,中职毕业生生源。《关于深化现代职业教育体系建设改革的意见》提出要拓宽学生成长成才通道。"以中等职业学校为基础、高职专科为主体、职业本科为牵引,建设一批符合经济社会发展和技术技能人才培养需要的高水平职业学校和专业",勾勒了现代职业教育体系的基本轮廓。"完善职教高考制度,健全'文化素质+职业技能'考试招生办法,扩大应用型本科学校在职教高考中的招生规模。""根据职业学校学生特点,完善专升本考试办法和培养方式,支持高水平本科学校参与职业教育改革,推进职普融通、协调发展。"在类型教育体系内的中职、高职、应用本科贯通发展之路越来越通畅。由此可见,高职教育的中职毕业生生源将不断扩大,并成为高职教育积极争取的生源类型。

其三,社会在职生源。党的二十大报告提出,要"建设全民终身学习的学习型社会、学习型大国",这不仅是我国经济社会发展的现实诉求,也是个体实现全面发展、终身成长的基本需求。随着高职教育经济社会服务功能的凸显,高职教育将成为"面向人人""面向终身"的教育类型,类似于国外的社区学院,承担起终身化教育的职能,其面向社会在职人员、待业人员开展的"回炉"教育将不断扩大,一线在职在岗人员的学历教育和培训及再就业人员的岗前培训将成为高职教育的重要服务范围。

这三类生源的教育经历、心理特征、道德发展水平、价值观、行为习惯、思想观念、认知水平、学习能力等都存在着较大差异,呈现多样化、复杂化的特点,这给高职院校思想政治教育提出了考验。

(二)高职教育培养目标的独特性

《国务院关于大力发展职业教育的决定》明确指出,我国职业教育要"以服务社会主义现代化建设为宗旨,培养数以万计的高素质劳动者和数以万计的高技能专业人才"。高职教育的目标是培养生产、建设、服务和管理第一线所需要的高素质技能型人才。最新修订的《职业教育法》也强调,职业教育是指为了培养高素质技术技能人才,使受教育者具备从事某种职业或者实现职业发展所需要的职业道德、科学文化与专业知识、技术技能等职业综合素质和行动能力而实施的教育。归根到底,高职教育培养目标主要是两个关键词,即高素质、高技能。这两个关键词表明,高职教育不是压缩的学科型教育,也不是纯粹的技能型人才培养,而是兼顾素质教育与技能培养,满足经济社会发展、现代产业建设对高素质劳动者和技能型人才,尤其是高端技能型人才需求的教育类型。同时,高职教育所提出的高素质要求,更加注重与职业相关联的职业素质,着力培养学生形成良好的职业道德、职业技能和就业创业能力等综合素质,更加突出职业使命。高职院校教师需要在精准分析高职教育人才培养目标的基础上开展思政课程与课程思政,破解思想政治教育与"职业"相结合的新课题,在"思政+专业"的"双向奔赴"中实现人才培养目标。

（三）高职教育办学的开放性

随着高职教育经济社会功能和人才培养目标的进一步明确,走产教结合、校企合作之路成为高职教育办学的必由之路。《国家职业教育改革实施方案》明确:"深化产教融合、校企合作,育训结合,健全多元化办学格局,推动企业深度参与协同育人,扶持鼓励企业和社会力量参与举办各类职业教育。""产教融合"在上述文件中出现了10次之多。《中华人民共和国职业教育法》进一步强化了"产教融合","产教融合"之类词汇在其中出现了11次,将"产教融合"上升到法律规定,成为国家职业教育的根本制度安排。党的二十大报告指出:"统筹职业教育、高等教育、继续教育协同创新,推进职普融通、产教融合、科教融汇,优化职业教育类型定位。""产教融合"再一次成为推进职业教育高质量发展的热点。《职业教育产教融合赋能提升行动实施方案（2023—2025年）》对构建产教深度融合发展格局任务进行了全面部署。产教融合带来的工学交替、校企互动、顶岗实习等人才培养模式催生了高职院校教师在教学理念和教学手段上的变革。在高职教育办学越来越开放的今天,高职院校教师面临着诸多新的课题,如校企思政元素的融合与嫁接问题、校企双师课堂构建问题、学期假期的无界化及弹性化问题、职业教育与终身教育的衔接问题等。高职院校教师无论是实施思政课程还是课程思政,都要把视野拓展到学校、社会、企业、行业营造的"大思政"环境中去。[1]

二、高职教育的铸魂育人使命：培养"完整的人"

21世纪以来,在高等教育大众化和建设现代职业教育体系双重利好政策的推动下,职业教育的类型地位逐步明确,高职教育实现了跨越式发展。在建设社会主义现代化国家的新征程中,高职教育需要积极回应"培养什么人、怎

---

[1] 陈洁瑾,薛艳.高职教育变革与辅导员发展的适应性[J].江苏社会科学,2012(S1):95-98.

样培养人、为谁培养人"的根本问题,肩负起培养更多适应区域经济社会发展的高素质技术技能人才、大国工匠、能工巧匠的重要使命。

什么样的人才能"适应"需求?总体来说,是要能够兼顾职业生存与人格生成的"完整的人"。

(1)关注职业生存,是高职教育的基本目的。从脱胎于传统学徒制的职业教育历史演进看,解决人的职业生存问题是其第一要务,是追求与实现更高培养目标的基础。一份职业的获取直接关系到人的生存质量。高职教育,首先一直在关注的是"职业素质"培养问题,其以培养具有娴熟职业技能的"工具人"为基本目标,注重实践性、应用性、技术性。然而,"职业素质"对于人才培养来说,仅仅只是满足了人的最基础的生存需要。高职教育不仅要为个体谋生和获取职业提供"功利化"帮助,也理应为人的可持续全面发展提供"持久性"动力。

(2)关注人格生成,则是高职教育的终极指向。随着人工智能时代的到来,经济社会发展瞬息万变。当高职教育的发展速度跟不上"技术技能"迭代速度时,高职教育需要教给学生一些无可替代的东西、一些应对变化的素质,需要在培养人的"可持续发展"能力上做探索。高职教育停留在传授"技艺"、解决人的职业生存问题上显然已经不能适应社会经济发展,它的终极指向应该升级为关乎人的"可持续发展"的人格生成。人格生成也就是人格的真、善、美三方面素养的全面涵育与生成,属于"人文素养"培育的范畴,面向人的文化品位、审美情趣、心理素质、人生态度、道德修养、思维方式等丰富的精神世界,是人的"软技能"和"软实力",具有持久性和不可替代性。[1][2]如果说"职业素质"培养解决"是什么的问题",那么"人文素养"涵育解决的就是"为什么"的问题,只有清楚地知道"是什么"和"为什么",才能培养适应社会发展需要的"完整的人"[3]。

---

① 李政涛.人工智能时代的人文主义教育宣言——解读《反思教育:向"全球共同利益"的理念转变》[J].现代远程教育研究,2017(05):3-11.
② 张弛.关注人的生存、生长与生成:现代职业教育目的解析[J].中国职业技术教育,2012(36):26-31.
③ 陈洁瑾.现代学徒制:兼顾人的职业生存与人格生成[J].常州信息职业技术学院学报,2019(03):8-10.

三、高职院校的学生特征：共性与个性并存

（一）哲学眼中：有着批判与否定的冲动

当前的高职院校学生不是马尔库塞笔下那种没有创造、没有自我的"单向度的人"，他们一方面有着对现实社会的认同和适应的态度，另一方面又有着对社会现象批判与否定的冲动。认知心理学认为，当个体原有的认知结构与来自外界的新奇对象之间有适度不一致时，个体就会出现质疑、迷惑和矛盾，从而激发个体进行探究活动。从高职院校学生的认知结构看，他们虽有一定的知识积累，但周围的许多事物对他们来说仍是陌生或新奇的，好奇心激发着他们积极思考、努力探索。"00后"学生愿意独立思考问题，盲目顺从的心态正在不断减弱；他们愿意接受新事物、新知识、新观念，不愿墨守成规、按部就班地完成任务或工作；他们有着较强的竞争意识，面对充满压力的外围环境愿意迎接挑战。我们要看到，在高职院校学生身上已经有着批判和否定的冲动，只是我们给这些学生创造的创新环境还很不成熟。

（二）心理学眼中：有着自我实现的潜能

心理学家马斯洛指出："教育的功能、教育的目的——人的目的、人本主义的目的、与人有关的目的，在根本上就是人的自我实现，是丰满人性的形成，是人总能够达到的或个人能够达到的最高的发展，说得浅显一些就是帮助人达到他能够达到的最佳状态。"[①]马斯洛将人类的需要由低到高分为五个层次，即生理需要、安全需要、爱与归属需要、尊重需要和自我实现需要。他认为，人具有趋向精神充实、道德高尚、人格完善、自我实现的高层次的发展性需要。高职院校学生，是可以被高层次需要激励和鼓舞的群体。他们多数有着树立奋斗目标规划自己人生的美好愿望，希望在不断发展中实现自己的人生价值，寻找自己的社会地位。

（三）教育学眼中：处于学习主体的位置

随着高职教育"以就业为导向""能力本位""培养适应生产、建设、管理、服务第一线需要的高素质技术技能人才"等办学理念的进一步明确，高职院校以其特有的经济社会功能占据了高等教育的半壁江山。为了实现高职教

[①] 郭彦雯.以人为本,激励学生自我实现——马斯洛人本主义心理学对高校思想政治教育的启示[J].山东省青年管理干部学院学报,2008(06):75-77.

育的人才培养目标,高职院校开展的是一种主体性教学。这种教学以培养和发挥学生的主体性为价值取向,以发挥师生的积极性、能动性和创造性为前提,以创造平等、民主、和谐的教学环境为条件,实现师生互动、共同发展。高职院校的教学活动强调教师在教学过程中的主导作用,强调学生作为主体的主动参与和自我发展,是一种互为主体的教学,是一种双向互动、学训结合的教学。长期以来,高职院校的项目化课程改革已经彰显出"以学生为主体"的教育理念,打破原有"知识本位"的学科课程体系,构建有利于学生学习和素质形成的课程体系、课程设计,使学生成为自我发展的主体,从而学会自主学习。

(四)社会学眼中:对接社会的"准职业人"

高职院校学生正处于"心理断奶期",是完成社会化的重要时期。比较大学前后的教育经历,前者的社会化教育主要依靠间接经验,即老师与家长的言传身教,而后者的社会化教育主要靠自己的认知和判断。高职阶段因有更多的机会接触社会,使学生的社会化过程以直接经验的获取为主。高职院校的课程教学、社会实践、第二课堂活动都是紧紧围绕职业道德、职业知识、职业技能、职业生涯规划、创业与就业等内容展开的,其培养目标决定了社会化教育的重要地位。高职院校学生不仅在学习过程中不断地走向社会进行调查研究、专业实习、职业技能训练,而且在完成这一阶段的学习之后将独自走向复杂的社会,面临社会的选择,成为真正的"职业人",并不断寻找自己在社会中的位置。

四、高职院校思想政治教育的逻辑理路

(一)找到起点:关注学生思想现状

思想政治教育需要及时回应学生之惑,只有关注学生思想现状和需要诉求,才能确保我们的课堂教学有的放矢。高职院校教师需要畅通了解学生思想动态和听取学生现实诉求的渠道,及时解决学生所关心的问题,最终解决学生的思想困惑和合理需求。面对"00后"高职学生特有的个性特质、社会环境、学习能力、心理状态等,高职院校必须对学生做全面的思想政治素质现状调查,了解学生现实需要,了解学生的利益诉求。针对学生所关心的国家发展、社会变化、校园文化、教学质量、人际关系、校企合作、就业创业等问题进行及时有效的解决和疏导,尊重学生的诉求表达,维护学生的主体地位。通过建

立畅通而有效的学生需要诉求渠道,及时了解学生的思想动态,为学生解决实际困难。高职院校一方面要鼓励学生积极表达自身的思想状态和需要诉求,形成与教师平等对话的意识,促进学生深入了解国家和社会发展、关心学校变化;另一方面要通过完善学生诉求机制,及时了解学生的思想动态,对学生进行有针对性、有实效性的教育,让学生在思想政治教育的积极作用中形成思想认同。

（二）平衡支点：尊重学生个性发展

"为什么我们的学校总是培养不出杰出人才?",著名的"钱学森之问"成为中国教育事业发展的一道艰深命题。"现代性教育试图用规训的技术、规训的道德、规训的知识为人们装备上最具生产力的功能,教给人们获得各种利益的手段,但这些手段是无法燃起生命和精神之火的。""规训的教育虽然教给人们获取各种实在利益的手段,但把生命捆绑在铁笼里,把灵魂囚禁在洞穴里,它剪断了生命和精神自由飞升的翅膀,无法为生活指引可能性的超越之路。"[①]教育的工具理性倾向使人丧失了目的与价值追求,逐渐使人成为无个性、无意义之人。规训的教育在逐渐剥夺学生的个性,使学生缺乏自信,创造力归零。高职院校教师应该充分认识到学生个性发展的重要性,将学生的个性归还给学生,帮助学生发展自尊基础上的个性张扬,充分挖掘学生的潜能。马克思主张人的自由全面发展,他认为人的个性自由发展就是要解放人,要让人独立出来,不要成为物或者是制度,更不是他人的附属物,而是完全独立的个体,只有这样,人的潜能才能得到更大的发挥。当人的个性自由得到极大的发展的时候,人就具有创造力,因为创造力来源于个性。同时,鼓励学生个性发展,意味着我们的教育手段、内容和方法都要注意个性差异,强调教育的针对性,进行合理的因材施教。随着高职院校教育对象出现多样化、多层次、多元化特征,高职院校教师就要针对不同学生个体的性格、学习能力、心理需求、思想实际开展个性化的教育,培养学生分析和解决问题过程中所需要的自主性、独立性和创造性。高职院校教师应该把工作目标定位于培养和发展人的多元素能上,注重开发个体潜在优势,给每个学生创造自主发展的空间,充分发挥其独特的个性特长,使其形成独立高尚的人格,真正体验到职业教育的成就感和获得感。

---

① 金生鈜.规训与教化[M].北京:教育科学出版社,2004:364.

(三) 突破难点：引导学生学会选择

马斯洛曾经提出，人，甚至儿童，最终必须自己为自己进行选择。别人不能经常为他选择，因为这样做会使他衰弱下去，会削弱他的自信心，并会使他对于自己经验中的内在快乐，对于自己的冲动、判断和情感的觉察能力发生混乱，也会使他对于什么是自身内在的东西和什么是他人准则的内化不能区分开来。人，最重要的是能够意识到自己是一个有思想、有意志而积极的人，是一个能为自己的选择承担责任，并能用自己的思想和目的，来解释自己为什么这样选择，做自己主人的人。从这一点上来讲，高职院校教师在实施思政课程与课程思政时不是帮助学生做出选择，而是要引导学生学会自我选择，做出合理而正确的选择。高职院校学生缺乏自信、自我缺失的种种现状要求我们必须充分信任学生自我选择的能力，帮助学生发挥自主性，让学生有机会表达自己的愿望和要求，并能够自己进行选择，承担选择的责任。吴康宁教授早在二十多年前就提出"教会选择"的概念，他认为21世纪的学生是"选择的学生"，"他们日趋明确地表达自己的选择愿望；他们日趋强烈地主张自己的选择权利；他们日趋自愿地承担自己的选择后果"，"他们既希望学校能允许他们自主选择，又希望学校能对其自主选择提供必要的帮助"[1]。面对多元的价值取向、面对开放的信息传媒，以往强调顺从的教育显然已经不适应时代的发展。高职院校教师应该着眼于"教会学生选择"的层次，强调主体参与、主体适应和主体创造的选择过程，引导学生在自主选择的基础上树立牢固的价值观。德国教育家洪堡说过，"教育必须培养人的自我决定能力，不是培养人去适应传统世界，不是首先要去传播知识和技能，而是去'唤醒学生的力量'，培养他们自我学习的主动性、抽象的归纳力和理解力，以便能使他们在目前还无法预料的种种未来局势中自我做出有意义的选择"[2]。高职院校教师就是要创造条件，通过有效的载体，运用合适的形式，唤醒学生的思想政治意识、社会意识，把国家和社会的要求转化为学生的内在需要，培养他们面对各种社会情境做出自我选择、自我判断的能力，并形成敢于对自己行为负责的态度和精神。

(四) 驶向终点：帮助学生获得幸福

乌申斯基说过："教育的主要目的在于使学生获得幸福。"幸福是人的终

---

[1] 吴康宁.教会选择：面向21世纪的我国学校道德教育的必由之路——基于社会学的反思[J].华东师范大学学报(教育科学版),1999(03):10-18.

[2] 凌逾.面向21世纪的自我管理教育[J].青年探索,1999(02):26.

极目的,是教育的真正意义。在物质条件相对比较优越的今天,高职院校学生对幸福的体验却出现了缺失,"郁闷""躺平""佛系"成为学生使用频率最高的词汇,学习、感情、家庭、就业,接踵而来的压力与不满使学生失去了年轻人应有的"灿烂笑容"。他们缺少幸福吗？不。真正的原因在于他们不懂得什么是幸福,不知道如何寻找幸福的体验,就像"世界上并不缺少美,而是缺少发现美的眼睛"一样。前几年,泰勒·本-沙哈尔博士在哈佛大学开设的"幸福课"轰动世界,受到大学生的热捧。本-沙哈尔从积极心理学的角度深入浅出地教他的学生,如何更快乐、更充实、更幸福。这一课程的成功开设给全球教育界一个启示:幸福是可教的。高职院校教师归根到底从事的是人格教育工作,应该将"幸福教育"内容列入其中,帮助学生形成健康而持续的人际关系,帮助学生正确理解生活目标的现实性,帮助学生探究作为生活一部分的负面情绪,寻找幸福的真谛。高职院校教师要帮助学生正确认识自我,拥有积极乐观的人生态度,正确引导学生思考"什么是幸福""如何追求幸福",成为拥有较高生命质量的高素质、高品位的人。幸福教育与人的价值、人的独立人格、人的个性、人的生存、人的理想等密切相关,有着极其重要和深远的意义,是当前思想政治教育的崇高使命,也是建设和谐社会的必然要求。[①]

第二节 高职院校课程思政的目标与路径

"课程思政"的提出引发的是高职院校课程领域的全面变革,需要从思政的角度对课程目标和过程进行重新审视。归根到底,"课程思政"是教育初心的回归,是让每一门课程承载更多的社会责任和价值引领功能。

一、提取核心素养:目标取向的高职院校"课程思政"愿景

"愿景"一词源于拉丁文"videre",译自英语现代管理学术语"vision",意思是在一定的视野下所看到的美好的幻象,即向往的前景。多尔的《课程愿

---

① 陈洁瑾.人文关怀:高职院校辅导员工作的价值取向[J].武汉电力职业技术学院学报,2011(04):8-13.

景》一书中指出"愿景是由我们的取景框和视野所决定的"①,只有当课程愿景使得相关者进入同一视野,具有共同期待,它才有意义。共同愿景一定是被所有相关者所共享的。"课程思政"的愿景构建是解决"课程思政应该是什么样"的重要问题,聚焦哪些核心素养,使其成为全体教师的行动目标和努力方向。

2020年教育部出台的《高等学校课程思政建设指导纲要》明确了:"课程思政建设内容要紧紧围绕坚定学生理想信念,以爱党、爱国、爱社会主义、爱人民、爱集体为主线,围绕政治认同、家国情怀、文化素养、宪法法治意识、道德修养等重点优化课程思政内容供给,系统进行中国特色社会主义和中国梦教育、社会主义核心价值观教育、法治教育、劳动教育、心理健康教育、中华优秀传统文化教育。"从对高等学校课程思政的内容供给要求看,涉及的范围几乎涵盖所有的思想政治教育内容,也因此让很多高职院校的教师无从下手,不知道如何去驾驭"课程思政",似乎一切正能量的东西都可以成为课程素材,也使得课程思政具有非常发散的素养目标,不得不让我们追问课程思政到底有什么样的愿景? 课程思政中的"思政"两个字外延到底有多大? 要想让高职院校的教师能够在课程思政方面有清晰的建设目标和思路,需要借鉴基础教育对"学科德育"的目标要求,聚焦"课程思政"核心素养。高职院校的课程思政核心素养并不是要让学生掌握有逻辑体系的思政知识,而在于培养学生的情感、态度、价值观,最终引导学生在复杂的关系环境中作出正确的价值选择。我们不妨结合高职院校特点,从高职学生需要面对的关系向度去进行课程思政核心素养的梳理和设计。

(一)与国家关系向度:政治认同与家国情怀

在国家治理现代化的发展进程中,政治认同和家国情怀是根和魂,它呈现的是心理归属。

2016年,习近平总书记在全国高校思想政治工作会议上提出,"高校思想政治工作关系高校培养什么样的人、如何培养人以及为谁培养人这个根本问题"②。2018年,习近平总书记在全国教育大会上对教育的"首要问题"和"根本任务"作出重要论断。他强调:培养什么人,是教育的首要问题。"我国是中国共产党领导的社会主义国家,这就决定了我们的教育必须把培养社会主

---

① [美]多尔,[澳]高夫.课程愿景[M].张文军,等译.北京:教育科学出版社,2004:4-8.
② 习近平.把思想政治工作贯穿教育教学全过程 开创我国高等教育事业发展新局面[N].人民日报,2016-12-09.

义建设者和接班人作为根本任务,培养一代又一代拥护中国共产党领导和我国社会主义制度、立志为中国特色社会主义奋斗的有用人才。"这是教育工作的根本任务。① 作为担负着为国家培养高素质技术技能人才的高职院校,首要责任就是守住政治认同底线,这直接关系"为谁培养人"的根本问题,关系党和国家的前途命运,关系中国特色社会主义事业的兴衰成败。在中国特色社会主义进入新时代的历史方位,政治认同主要体现在对中国特色社会主义道路自信、理论自信、制度自信、文化自信上,是指引高职学生做合格社会主义建设者和可靠接班人的强大精神动力。2023年3月5日,习近平总书记在参加江苏代表团审议时指出,新时代教育工作者要努力把青少年培养成为中国特色社会主义的建设者和接班人。他强调:我们的教育要善于从五千年中华传统文化中汲取优秀的东西,同时也不摒弃西方文明成果,真正把青少年培养成为拥有"四个自信"的孩子。立足于当下,着眼于未来,培育真正拥有"四个自信"的青少年,是关乎国家兴衰、民族发展的根本大计,更是新时代教育工作的重要目标。2024年1月1日起,《中华人民共和国爱国主义教育法》正式施行,为加强新时代爱国主义教育,传承和弘扬爱国主义精神提供了法治保障。

　　青年兴则国家兴,青年强则国家强。在世界百年未有之大变局加速演进的重要历史阶段,高职学生在各种社会思潮的现实影响下,不可避免地会在理想和现实、小我和大我、利己和利他、民族和世界等方面遇到价值困惑和思想冲突,我们需要发挥课程思政的作用来筑牢高职学生价值选择的坚定性和正确性。只有确保青少年在纷繁复杂的现实生活中依旧坚定理想、坚守信仰,中国特色社会主义事业才能永续前行。同时,当青少年的政治认同内化于心时,家国情怀便油然而生。从"修身、齐家、治国、平天下"到"先天下之忧而忧,后天下之乐而乐",再到"天下兴亡,匹夫有责",自古以来家国情怀流淌在中华民族的血脉中,也正是在这种强大的精神支撑下,五千多年的中华文明延绵至今。高职院校在实施课程思政过程中需要将厚植家国情怀放在突出位置,讲好中国故事,教育引导学生热爱和拥护中国共产党,听党话、跟党走,扎根人民、奉献国家,挖掘并使家国情怀这种宝贵的精神资源得以固化。高职院校要努力引导学生心系国家和民族的前途命运,关注时代和社会的深刻变化,把个

---

① 习近平.坚持中国特色社会主义教育发展道路 培养德智体美劳全面发展的社会主义建设者和接班人[N].人民日报,2018-09-11.

人前途与祖国发展联系起来,以舍我其谁的气概勇立潮头、敢于追梦、善作善成、敢于圆梦,紧跟时代脉搏,践行担当使命,努力成为支撑中国制造与中国服务的高素质奋斗者、开拓者、奉献者。

(二) 与社会关系向度:规则意识与公共精神

在现代社会的文明肌体中,规则意识与公共精神是筋和骨,框定的是行动边界。

卢梭说:"一切法律中最重要的法律,既不是刻在大理石上,也不是刻在铜表上,而是铭刻在公民的内心里。"[①]随处可见的"公地悲剧",其实从某种程度上来说就是因为公民规则意识与公共精神缺失。何为规则意识,就是发自内心的、以规则为自己行动准绳的意识,是一种理性自觉,更是一种价值规范。三年的新冠肺炎疫情防控经历,足以让大家切身感受到规则意识在社会稳定发展中的重要作用,对重塑规则意识来说也是一堂极其生动的实践课。在全面深化依法治国实践、培养公民法治精神的过程中,规则意识越来越得到重视。

党的十九大报告在"坚定文化自信,推动社会主义文化繁荣兴盛"部分提出:"推进诚信建设和志愿服务制度化,强化社会责任意识、规则意识、奉献意识。""规则意识"被首次写入党的代表大会报告。2019年中共中央、国务院印发《新时代公民道德建设实施纲要》也明确提出,要"加强对道德领域热点问题的引导,以事说理、以案明德,着力增强人们的法治意识、公共意识、规则意识、责任意识"。十九届四中全会的召开,明确了推进国家治理体系和治理能力现代化的总体目标和要求,国家制度将更加定型、更加成熟;历经五次编纂的民法典规定了最普通、最常见的社会关系和经济关系,人与人之间的交往活动将更加有序、更加和谐。大到国家法律、行政法令,小到公司条例、班级公约,这些规则真正发挥作用都是以公民规则意识为有效支撑。

同时,一个国家的文明程度不仅仅体现在政治、经济、社会发展上,也体现在公共精神上,它是衡量现代社会国家公民素质的重要指标。所谓公共精神,就是公民摆脱了私人视界,在构建公共秩序、参与公共事务和改善公共生活中所表现出来的公共态度与行为方式,它蕴含着公民参与公共事务和维护

---

① 严格执法,公正司法(2014年1月7日),十八大以来重要文献选编(上).北京:中央文献出版社,2014:721.

公共福祉的价值追求，不仅能为国家治理提供精神动力，更能为国家治理凝聚共识、汇聚人心。国家治理体系和治理能力的提升离不开公共精神的培育和生长。对于公民个人而言，公共精神是孕育公共德性的基本品质；对于社会发展而言，公共精神则是构建和谐社会必不可少的精神储备。随着物质文明水平的不断提高，我国公民的精神文明水平和综合素养也日趋提升，越来越多的人开始关注人与自然、人与城市、人与社会发展之间的关系，但这种"共享共进"的意识还不能跟上时代发展的步伐。高职院校教师需要结合学生特点，在课程实施过程中创设更多体现规则意识和参与公共事务的场景，引导其把握好个性与规则、个人与公共的关系，真正以主人翁姿态参与现实公共生活，时刻将个人荣辱、事业发展和国家使命结合在一起。高职院校需要进一步强调将规则意识和公共精神转化为规范的行为准则，引导青少年走出"自我中心"，能够更多地关注公共领域，自觉维护与增进公共利益，努力成为"共享共进"和谐社会发展的参与者和推动者。

（三）与职业关系向度：创新意识与工匠精神

在迈向社会主义现代化建设新征程中，创新意识与工匠精神是血和脉，积聚的是发展力量。

2019年出台的《国家职业教育改革实施方案》强调："把发展高职教育作为优化高等教育结构和培养大国工匠、能工巧匠的重要方式，使城乡新增劳动力更多接受高等教育。高等职业学校要培养服务区域发展的高素质技术技能人才，重点服务企业特别是中小微企业的技术研发和产品升级，加强社区教育和终身学习服务。"国家对高职教育的期待和对高职学生培养目标的定位为高职院校课程思政的核心素养确立提供了现实的依据。很显然，培养创新意识和弘扬工匠精神在高职学生职业认知与专业发展过程中举足轻重，是评价新时代高职学生成长成才目标任务是否实现的重要指标。在我国制造业发展的关键时期，也是实体经济发展的加速时期和科技创新发展的蓄能时期，创新意识和工匠精神更加凸显了其时代价值。

苟日新，日日新，又日新。创新是一个民族进步的灵魂，是一个国家发展的不竭动力。从移动支付到共享单车，从中国高铁到跨海大桥，从特高压输电工程到北斗导航卫星全球组网，从"奋斗者号"到"深海一号"，从"中国制造2025"到物联网、元宇宙、云计算等新技术，无处不在的"创新"成为我国实现跨越式发展的第一动力。党的十八大以来，习近平总书记在重要会议、地方考察等不同场合反复强调"创新"二字,他强调:"坚持创新发展,就是要把创新摆在国家发展全局的核心位置,让创新贯穿国家一切工作,让创新在全社会蔚然成风。"特别是在2017年8月15日,习近平总书记在得知全国150万大学生参加第三届中国"互联网+"大学生创新创业大赛,其中上百支大学生创新创业团队参加了走进延安、服务革命老区的"青年红色筑梦之旅"活动后,亲自给大学生朋友回信,勉励广大青年:"扎根中国大地了解国情民情,在创新创业中增长智慧才干,在艰苦奋斗中锤炼意志品质,在亿万人民为实现中国梦而进行的伟大奋斗中实现人生价值,用青春书写无愧于时代、无愧于历史的华彩篇章。"[①]高职院校理所当然地要增强学生的创新意识,点燃学生的创新热情,强化"思创融合""专创融合",鼓励广大青年学生融入创新创业大潮,并成为创新创业的有生力量,在创新创业中展示才华、服务社会。

如果说创新意识是干事创业的精神支点的话,那么工匠精神就是干成事业的不竭动力。2020年11月24日,习近平总书记在全国劳动模范和先进工作者表彰大会上指出,在长期实践中,我们培育形成了"执着专注、精益求精、一丝不苟、追求卓越的工匠精神",要大力弘扬《中华人民共和国职业教育法》在对职业教育人才培养进行要求的时候也明确提出:"实施职业教育应当弘扬社会主义核心价值观,对受教育者进行思想政治教育和职业道德教育,培育劳模精神、劳动精神、工匠精神,传授科学文化与专业知识,培养技术技能,进行职业指导,全面提高受教育者的素质。"工匠精神,作为一种深层次的文化形态,是从业者职业态度和价值追求的体现,需要从源头上培育,并且坚持不懈地引导。从这个意义上看,高职院校责无旁贷。"工匠精神"理应成为职业教育的灵魂,成为接受职业教育的学生的价值追求、向往境界。高职院校需要充分认识创新意识和工匠精神在人才培养中的重要使命和现实意义,确立与之相适应的教育观、人才观,着重聚焦创新意识和工匠精神,以润物细无声的方式形成教育合力,让学生在对大国工匠的不懈追求中形成精神自觉。

(四)与世界关系向度:生态意识与共生格局

在人类社会生存和发展进程中,生态意识与共生格局就是精和气,它体现的是生命格局。

[①] 习近平回信勉励第三届中国"互联网+"大学生创新创业大赛"青年红色筑梦之旅"的大学生[N].人民日报,2017-08-16.

"自然生态"和"人类社会"是人与世界互动的两个维度。生态意识面向自然生态,共生格局面向人类社会。马克思主义认为,未来的社会形态应该是一种"真正共同体",它是在人的本质力量的对象化过程中所达到的人与自然、人与社会、人与人的和谐统一,是人的本质复归的真正表现。① 在面对资源有限的赖以生存的"世界",客观上要求人类改变贪婪、自私的物化取向,从生态和文明的角度树立人类命运共同体意识。

党的十九大报告将"坚持人与自然和谐共生"和"坚持推动构建人类命运共同体"列入新时代坚持和发展中国特色社会主义的基本方略,并用发展了的马克思主义生态观观照世界未来,形成了关于人类社会发展的新理念。党的二十大报告指出:"中国式现代化是人与自然和谐共生的现代化"。2021年11月,联合国教科文组织向全球发布的探讨和展望面向未来乃至2050年教育的报告《共同重新构想我们的未来:一种新的教育社会契约》最大的亮点就是使教育从人类中心主义走向生态中心主义,维护地球生态文明,倡导把碳中和理念融入教育内容,加速人类保护生态环境的认知和行动,保护我们唯一的地球,守卫我们的共同家园。经过二十多年的加速发展,高职院校在规模和内涵建设等方面均取得了巨大成就,高职教育品牌和高职院校学生开始在世界舞台上崭露头角。2010年,我国正式加入世界技能组织,高职院校的学生在被誉为"世界技能奥林匹克"的世界技能大赛上摘金夺银。2016年以来,以我国古代建筑巨匠鲁班命名的"鲁班工坊"不断地弘扬属于中国的工匠精神,成为中国职业教育走向世界的"国家名片"。2022年9月,世界职业技术教育发展大会在天津召开,会议发布《中国职业教育发展白皮书》,向世界展示中国职业教育的发展成就。从高职教育发展看,培养走向世界舞台的学生是必然趋势,高职教育有着贡献中国方案、培养服务世界发展人才的光荣使命;从高职学生自身发展看,在世界格局中谋求生存亦将成为常态。高职院校在课程思政建设过程中要进一步审视世界中的高职学生,将其生存发展的"自然生态"和"人类社会"作为更为宽广的环境来分析,帮助学生认识与世界的关系,增强生态意识,形成共生格局,将人类命运共同体理念贯穿教育教学始终,培养具有中国特色和世界眼光的高素质技术技能人才。②

---

① 黎庶乐.生态文明建设与构建人类命运共同体[N].光明日报,2018-06-04.
② 陈洁瑾.高职院校课程思政的愿景与范式建构[J].中学政治教学参考,2022(03):42-44.

二、挖掘类别特征：精细化分类推进高职院校"课程思政"

教育部《高等学校课程思政建设指导纲要》对普通高等教育的专业分类和课程体系提出了课程思政建设的基本框架，而对高职教育提出"要结合高职专业分类和课程设置情况，落实好分类推进相关要求"。目前，最新的高职专科专业目录共有农林牧渔、资源环境、能源材料、土木建筑、水利水电、机械制造、生物化工、轻工纺织、食品药品、交通运输、电子信息、医药卫生、财经商贸、旅游、文化艺术、新闻传播、教育体育、公安司法、公管服务等19个专业大类，职业性、应用性特征明显。根据教育部《关于职业院校专业人才培养方案制订与实施工作的指导意见》文件精神，高职院校的课程设置分为公共基础课程和专业（技能）课程两类。无论是专业分类还是课程分类，和普通高等学校相比还是有区别的。综合高职院校专业与课程特点，我们将按照四个类型对课程思政侧重点进行梳理。

（一）文科专业课程的聚焦点：站稳政治立场，坚定"四个自信"

作为阐释人的思想活动和各类社会现象及发展规律的文科课程，具有明显的知识性、人文性和意识形态属性，课程思政目标明确、元素丰富，具有天然的育人功能，是高职院校思想政治教育的重要载体，也是实现协同育人的重要组成。长期以来，高职院校这类课程在帮助学生形成正确的世界观、人生观、价值观，提高道德修养和精神境界，养成科学思维习惯，促进身心和人格健康发展等方面发挥着积极作用。

"哲学社会科学是人们认识世界、改造世界的重要工具，是推动历史发展和社会进步的重要力量，其发展水平反映了一个民族的思维能力、精神品格、文明素质，体现了一个国家的综合国力和国际竞争力。"[1]在社会思想观念和价值取向日趋活跃、社会思潮纷纭激荡、改革攻坚问题涌现的新形势下，文科专业课程的课程思政使命尤为艰巨。这类课程必须坚决站稳正确的政治立场，坚持以马克思主义为指导，掌握马克思主义世界观和方法论，从历史与现实、理论与实践等维度深刻理解马克思主义中国化时代化成果，培育和践行社会主义核心价值观，自觉弘扬中华优秀传统文化、革命文化、社会主义先进文化，从而坚定"四个自信"，凝聚思想共识。

---

[1] 习近平在哲学社会科学工作座谈会上的讲话[N].人民日报,2016-05-17.

（二）工科专业课程的聚焦点：心怀国之大者，赋能制造强国

工科课程的内容主要是将已经发现的数学、物理、化学等基础科学的原理和规律综合应用于生产实践，进而形成解决各种实际工程问题的成熟型技术经验。高职院校这类课程最鲜明的特征就是应用性、技术性强，与我国制造业发展水平、产业需求紧密相关，直接关乎国家发展战略的有效实现。

习近平总书记指出："历史经验表明，科技革命总是能够深刻改变世界发展格局。16、17世纪的科学革命标志着人类知识增长的重大转折。18世纪出现了蒸汽机等重大发明，成就了第一次工业革命，开启了人类社会现代化历程。19世纪，科学技术突飞猛进，催生了由机械化转向电气化的第二次工业革命。20世纪前期，量子论、相对论的诞生形成了第二次科学革命，继而发生了信息科学、生命科学变革，基于新科学知识的重大技术突破层出不穷，引发了以航空、电子技术、核能、航天、计算机、互联网等为里程碑的技术革命，极大提高了人类认识自然、利用自然的能力和社会生产力水平。"[①]工科课程担负着培养高素质技术技能人才的重要使命，虽然其呈现的都是与技术相关的操作性、实践性内容，但背后承载着"为谁培养人""培养什么人""怎样培养人"的价值目标。工科课程的课程思政关键的植入要点就是如何将课程放在国家整体发展战略中来学习和思考。在全面实施国家创新驱动战略的大背景下，工科课程的教学内容与教学设计要充分挖掘其背后的价值关怀、战略定位，从课程发展的历史纵深和未来前景出发，站在与国家整体发展休戚与共的价值角度审视和解决问题，激发学生科技报国、家国情怀的使命担当，传承勇于创新、精益求精的工匠精神。

（三）终身成长课程的聚焦点：培养核心素养，成就幸福人生

《高等学校课程思政建设指导纲要》提出："要重点建设一批提高大学生思想道德修养、人文素质、科学精神、宪法法治意识、国家安全意识和认知能力的课程，注重在潜移默化中坚定学生理想信念、厚植爱国主义情怀、加强品德修养、增长知识见识、培养奋斗精神，提升学生综合素质。打造一批有特色的体育、美育类课程，帮助学生在体育锻炼中享受乐趣、增强体质、健全人格、锤炼意志，在美育教学中提升审美素养、陶冶情操、温润心灵、激发创造创新活

---

① 习近平.为建设世界科技强国而奋斗——在全国科技创新大会、两院院士大会、中国科协第九次全国代表大会上的讲话[N].新华社，2016-05-30.

力。"按照传统的课程分类,这类课程主要是指高职院校的公共基础课程。这类课程培养所有专业人才都应该具备的且会产生持久影响的最基本的知识、能力、价值观等综合素质,可以视为终身成长课程。高职院校这类课程的课程思政要立足"促进人的全面发展",逐步形成适应个人终身发展和社会发展需要的品格和关键能力。

由教育部委托北京师范大学课题组研究发布的《中国学生发展核心素养研究报告》从自主发展、社会参与、文化修养三个领域构建了由六个指标组成的中国学生核心素养体系总框架。六个指标分别如下:

(1)人文底蕴,包括文化积淀、人文情怀、审美情绪;
(2)科学精神,包括理性思维、批判质疑、勇于探索;
(3)学会学习,包括乐学善学、勤于反思、信息意识;
(4)健康生活,包括珍爱生命、健全人格、自我管理;
(5)责任担当,包括社会责任、国家认同、国际理解;
(6)实践创新,包括劳动意识、问题解决、技术应用。

终身成长课程培养的是每一名学生获得成功生活、适应个人终生发展和社会发展都需要的、不可或缺的共同素养;其影响力是一个持续终身的过程,最初在家庭和学校中培养,随后在一生中不断完善。

(四)综合实践类课程的聚焦点:注重知行统一,力求善作善成

《高等学校课程思政建设指导纲要》将实践类课程分为专业实验实践课程、创新创业教育课程、社会实践类课程,并提出了具体要求。"专业实验实践课程,要注重学思结合、知行统一,增强学生勇于探索的创新精神、善于解决问题的实践能力。创新创业教育课程,要注重让学生'敢闯会创',在亲身参与中增强创新精神、创造意识和创业能力。社会实践类课程,要注重教育和引导学生弘扬劳动精神,将'读万卷书'与'行万里路'相结合,扎根中国大地了解国情民情,在实践中增长智慧才干,在艰苦奋斗中锤炼意志品质。"从孔子主张的"敏于行而讷于言",到墨子提出的"士虽有学,而行为本焉",再到王阳明倡导的"知是行之始,行是知之成",注重知行合一是自古以来的教育主张,凝结着中国传统文化独有的哲学智慧,也体现了马克思主义认识论和方法论的有机统一。毛泽东的哲学著作《实践论》副标题就是"论认识和实践的关系——知和行的关系",并提出了辩证唯物论的知行统一观,即"实践、认识、再实践、再认识这种形式,循环往复以至无穷,而实践和认识之每一循环的内

容,都比较地进到了高一级的程度",从而创造性地发展了"知行合一"学说。后来,毛泽东在《改造我们的学习》中又提出:"读书是学习,使用也是学习,而且是更重要的学习。"党的十八大以来,习近平总书记也多次谈到"知行合一"。他指出:"知是基础、是前提,行是重点、是关键。必须以知促行、以行促知,做到知行合一。"综合实践类课程在高职院校人才培养中具有举足轻重的作用。正所谓"一语不能践,万卷徒空虚。"综合实践类课程的课程思政理应聚焦知行统一问题,培养学生正确分析和处理实际问题的能力,以科学的方法做成事情。这类课程往往具有综合性、高阶性、实践性、开放性、生成性等特征,通过为学生营造仿真或真实的实践情境,将学生置身现实问题之中,激发学生主动探索、发现、体验,获得解决实际问题真实经验的热情,在培养学生学习能力、责任担当、创新精神等素养方面发挥独特价值。

三、关注创设生成:过程取向的高职院校"课程思政"范式

习近平总书记反复强调:"要坚持显性教育和隐性教育相统一,挖掘其他课程和教学方式中蕴含的思想政治教育资源,实现全员全程全方位育人。"① 教学方法中蕴含的思想政治教育资源往往容易被忽视。其实,"课程思政"的核心素养目标达成都要在教学互动和思想碰撞中得以生成。高职院校的课程思政需要从传统的"控制传递"的课程实施范式中走出来,避免出现知识形态的课程思政灌输,从而将课程思政异化为"思政课程"。高职院校的课程思政应该是基于精确的学情分析基础上的课程双主体对话活动,营造师生共同探究和成长的教学环境,主张创设生动、真实的互动情境,实现学生真实的自我体验。在具体的课程教学过程中,重视通过师生之间的不断对话和理解创生课程的意义。基于过程视野审视课程思政,其是一个具有建构性和生成性的过程,是一种特别复杂的对话和反思,是一个动词、一种行动。

(一)浸润式情境教学:以生动故事与学生产生共鸣

"好的思想政治工作应该像盐,但不能光吃盐,最好的方式是将盐溶解到各种食物中自然而然吸收。"② 课程思政不是简单的"思政",不是具体地讲授思政内容。针对高职学生偏向感性思维和形象思维的特征,教师应该通过一

---

① 习近平.思政课是落实立德树人根本任务的关键课程[J].求是,2020(17):4-11.
② 沿用好办法 改进老办法 探索新办法[N].人民日报,2016-12-11.

些既有思政内涵又有专业知识的中国故事为学生创设情境,寓教学内容于具体形象的情节之中。美国心理学家、教育学家布鲁纳提出:"零散的知识和事实是非常难记忆的。"除非把一件件事情放进构造好的模型里,否则人很容易忘记。① 那么,故事就是一个非常好的记忆模型。教师如果能把知识技能与"有思想立场、有内心冲突、有立体场景、有实际联系、有情感体验"的故事结合起来,那么就能有效帮助学生进行深度的态度体验和意义建构,课程思政自然能够达到"如盐化水"、潜移默化的作用。

故事是人类传承智慧、启迪思想的重要方式。人类讲故事的基因由来已久,远古时期山洞里充满故事情节的壁画,生动有趣的象形文字便可以证明。从女娲补天到后羿射日,从大禹治水到精卫填海,自古以来人们都擅长用故事来理解世界。故事是一种跨越时空的传播形式,无论是孩提时听到的童话故事,还是成长后观看的电影和电视剧,都在潜移默化地改变人们对自己和世界的认知。生动的故事,绝对不是简单叙述事件的发生过程,而一定会渗透着人类的情感、态度和价值观。善于讲故事不仅是古今中外优秀教育者共同的特点,更是新时代思政课教师应该具备的核心素养。2019年,习近平总书记在全国高校思想政治工作会议上的讲话中指出,"讲理论要接地气,要让马克思讲中国话,让大专家讲家常话,让基本原理变成生动道理,让根本方法变成管用办法,将总体上的'漫灌'和因人而异的'滴灌'结合起来",同时他在学校思想政治理论课教师座谈会上强调,"会讲故事、讲好故事十分重要,思政课就要讲好中华民族的故事、中国共产党的故事、中华人民共和国的故事、中国特色社会主义的故事、改革开放的故事,特别是要讲好新时代的故事。讲故事,不仅老师讲,而且要组织学生自己讲"②。

讲好故事的教学方法本质上与陶行知先生提出的"生活即教育"理念不谋而合。什么是生活?生活就是一个个鲜活的故事。课程思政的素材来源于生活,教师的施教过程不能离开生活。用取自生活的中国故事讲述专业知识,可以赋予专业知识更多的实用色彩,可以帮助学生在故事的共鸣中点燃智慧的火焰,让课堂焕发出生命的活力。在贯彻课程思政的过程中,教师要善于以事说理,以小见大,把抽象的学术话语转化为形象的叙事话语,把"小故事"升

---

① 殷娴,严育洪.优化任务情境设计中的数学呈现方式[J].辽宁教育,2021(23):50.
② 习近平.思政课是落实立德树人根本任务的关键课程[J].求是,2020(17):4-11.

华为"大道理",用"真情境"引发出"深思考",让生动的故事有内涵,让抽象的理论变具象,引导学生理解故事背后的道理,探求故事揭示的理论,在潜移默化中达到课程思政的教学目标和效果。

(二)问题式对话教学:以严密逻辑与学生产生共振

苏格拉底经典的"产婆术"就是一种对话教学,后来被命名为"发现方法"或"发现性对话"。对话教学就是凭借高质量的发问帮助学生,刺激、诱发、控制学生进行深度学习和深刻思考,学生凭借自身的努力,亲自去探究真理。对话教学作为师生共同解决问题、引出问题的方法,同单向寻求标准答案的问答式教学方法存在明显的差异,其更强调学生在学习中的主体性地位,能够自由地思考,自由地叙述各自的疑问和见解。教育家保罗·弗莱雷说:"没有了对话,就没有了交流;没有了交流,也就没有了真正的教育。"[①]如何对话呢?对话的逻辑是什么呢?那就应该是问题链。在价值观多元的现实环境中,当我们习惯性地采用灌输的方式来开展价值观引导时,需要给予高职学生一些"成人化"的期待,通过创设问题和对话的形式,让学生在思考的过程中形成稳定而正确的价值倾向。教师要将教学内容设置成层层递进、严密完整、相互联系的问题链条,以知识形成发展和学生思维能力培养的内在规律为主线,在师生合作互动中逐步解决问题,让学生感受到逻辑的魅力和解惑的获得感。

"问题链",作为一种讲求逻辑、注重启发的教学方法,能够不断聚焦学生的思考过程,逐渐将问题引向深入,引发学生深度思考。问题式对话可以"打破以知识灌输为主的教学痼疾,积极发现并提出有意义的真问题"[②],增强学生的问题意识,引导学生增加对客观存在矛盾感知和识别的敏感度,进而形成积极寻求解决问题措施的思想自觉。课程思政实施的过程中,教师需要强化问题意识,将充满逻辑关系的问题和实际生活中的专业紧密结合,敢于直面学生的思想困惑,勇于回答现实问题。教师在解答问题时要善于抽丝剥茧,把问题讲明白,把道理讲透彻。习近平总书记指出教师"要注重启发式教育,引导学生发现问题、分析问题、思考问题,在不断启发中让学生水到渠成得出结论",教师"从一个问题切入,把一个问题讲深,最后触类旁通,可以带动很多

---

① [巴西]保罗·弗莱雷.被压迫者的教育学[M].顾建新,等译.上海:华东师范大学出版社,2001:41.

② 刘建军,梁祯婕.论思想政治理论课教学的问题意识[J].马克思主义理论学科研究,2021(01):104-112.

关联问题,有可能是一通百通,提纲挈领[①]。问题和问题之间往往总是相互联系、辩证统一的。教师要学会"以小见大",从小切口出发,环环相扣,串联起整个问题链,让课程思政在不知不觉中有逻辑、有意思。教师在实施课程教学时,需要承担起对话发起人和引路人的角色,让课程思政在师生平等交流和思想碰撞中自然"发酵"。

(三)比较式反思教学:以多维对比与学生达成共识

何为"比较",《哲学大辞典》中这样解释:比较是指明确对象之间差异点和共同点的逻辑方法。比较是人类认识事物的基本思维方法,可以在异类对象之间进行,也可以在同类对象之间进行,还可以在同一对象的不同方面、不同部分之间进行,是人们根据一定的需要和标准,把彼此有某种联系的事物加以分析,从而找出它们的内在联系、共同规律和特殊本质的方法。客观事物的相互联系又相互区别是比较的客观基础。比较方法在人类认识史、科学史上占有重要的地位。无论是自然科学还是社会科学,都离不开这类方法。马克思曾高度评价比较方法,称它为"理解现象的钥匙"。黑格尔曾说:"我们不可离开别物而思考某物。"判断推理的思维过程建立在与别物的比较参照基础之上。课程思政的价值引导可以从比较法中建立和深化。教师在授课过程中要学会横向比较与纵向比较相结合,既能够以同一时空内的不同主体为比较对象进行横向比较,引导学生辨别是非、区分优劣,又能够以同一主体在不同时空条件下的不同状态为比较对象进行纵向比较,明晰发展脉络,认清发展阶段;要学会定性比较和定量比较相结合,特别是能够在大数据时代充分挖掘数据背后的意义,善于利用翔实的数据来支撑教学,提高课程思政的科学性;要学会将宏观比较和微观比较相结合,既能从战略的角度收集"接天线"的素材,又能从细微的视角选择"接地气"的内容,让课程思政实现高度和深度的统一。教师需要学会用巧妙的比较说话,鼓励学生运用比较的方法解释社会现象和解决现实问题,在比较的思维训练中强化价值认同[②]。

---

① 习近平.思政课是落实立德树人根本任务的关键课程[J].求是,2020(17):4-11.
② 陈洁瑾.高职院校课程思政的愿景与范式建构[J].中学政治教学参考,2022(03):42-44.

第三节 产教融合视域下的高职院校课程思政建设

如果要用一个词来表达高职教育基本特征的话,那一定是"产教融合"。产教融合是高职教育的基本办学模式,是衡量高质量发展成效的重要标志。回顾党的十八大以来各级各类重要教育会议对高职教育的专门阐释,都无一例外地聚焦"产教融合"。高职院校课程思政的建设,需要从高职教育的特征入手,也就是产教融合的视角出发,探究其个性化改革路径。

一、产教融合:高职教育的鲜明特征

从2002年《国务院关于大力推进职业教育改革与发展的决定》提出"要充分依靠企业举办职业教育",到2004年教育部《关于以就业为导向深化高职教育改革的若干意见》提出"产学研结合成为高职教育的重要方针";从2005年《国务院关于大力发展职业教育的决定》首次在国家级文件中将职业教育的培养模式明确为"工学结合、校企合作",到2010年《国家中长期教育改革和发展规划纲要(2010—2020年)》要求"制定促进校企合作办学法规,推进校企合作制度化";从2014年国家《现代职业教育体系建设规划(2014—2020年)》中明确提出"产教融合",指出了现代职业教育培养质量的瓶颈就是缺乏"产教融合"能力的教师,到2019年《国家产教融合建设试点实施方案》要求"坚持问题导向,试点先行,充分发挥城市承载、行业聚合、企业主体作用";从党的十九大报告中强调要"完善职业教育和培训体系,深化产教融合、校企合作",到党的二十大报告提出"统筹职业教育、高等教育、继续教育协同创新,推进职普融通、产教融合、科教融汇,优化职业教育类型定位";从2022年最新修订的《中华人民共和国职业教育法》从法律规范的角度明确职业教育必须"坚持产教融合、校企合作",到2023年国家发展改革委、教育部、人力资源和社会保障部等8部门联合印发《职业教育产教融合赋能提升行动实施方案(2023—2025年)》通过顶层设计和战略部署统筹推动教育和产业协调发展,创新搭建产教融合平台载体,接续推进产教融合建设试点,完善落实组合式激

励赋能政策体系,将产教融合进一步引向深入。深化产教融合,促进教育链、人才链与产业链、创新链有机衔接,不仅是推进人力资源供给侧结构性改革的迫切要求,也是新形势下全面促进高职教育高质量发展,进而有效服务经济转型升级的路径选择。产教融合是办好高职教育的关键所在,是推进现代高职教育内涵发展的生命线。

二、企业必然成为"课程思政"的重要"参与者"

产教融合,就是指高职院校根据所设专业,积极开办专业产业,把产业与教学密切结合,相互支持,相互促进,把学校办成集人才培养、科学研究、科技服务为一体的产业性经营实体,形成学校与企业浑然一体的办学模式。在这种办学模式下,企业全程参与高职院校人才培养,能够实现专业设置与产业需求对接、课程内容与职业标准对接、教学过程与生产过程对接、学历证书与职业资格证书对接、职业教育与终身学习对接,全面提升技能型人才培养的针对性和有效性。

产教融合,宏观上表现为产业与教育的深度合作,中观上表现为企业与学校的积极互动,微观上表现为工作与学习的灵活切换。当产教深度融合成为高职院校办学的一种常态化模式时,企业必然成为高职院校课堂的延伸,承担着不可替代的教育功能,当然成为"课程思政"建设的主阵地,"课程思政"建设场域随之拓展。

在产教融合的人才培养模式下,高职院校除了在校内开展传统的理论与实践教学外,还可以通过订单培养、顶岗实习、现代学徒制等方式让学生走出课堂,到企业、行业等组织中实境锻炼。在这样一个开放的人才培养体系下,高职院校学生在接受学校教育影响的同时,还频繁受到企业、行业以及社会环境的深刻影响。因此,就高职院校"课程思政"的教育主体而言,除了学校的授课教师,还应包括企业授课教师、企业实习指导教师、管理人员甚至相关社会人员。我们需要充分认识到"课程思政"教育主体的多元化特征,将校内外多重育人主体统一起来,加强对不同主体的教育培训,使之共同凝聚在"立德树人"的根本任务下,形成全员育人体系,推进"课程思政"的全覆盖,构建思想政治教育共同体。

(一)确立共同愿景——校企融合实施"课程思政"的价值取向

从组织性质看,高职院校是公益性组织,担负着培养高素质技术技能人才的使命；企业是营利性组织，是国家经济社会运行的基本细胞。高职院校在承担人才培养的社会责任时，它所提供的职业教育能够满足学生的职业生存需要，而企业、行业在追求市场利益的同时促进了经济社会发展。寻求高职院校与企业行业之间的共同愿景，是校企融合推进"课程思政"逻辑起点。一方面，高职院校和企业行业都是国家实现高质量发展的核心要素，高职院校在教育强国中担负着培养"数以亿计的高素质劳动者"的重要使命，企业行业是赋能实体经济高质量发展的主力军；另一方面，高职院校与企业行业之间的互动关系频繁，高职院校是高素质技术技能人才的供给端，企业行业是高素质技术技能人才的需求端，两者的人才供需结构平衡直接影响着经济社会发展的稳定。从这个意义上看，高职院校和企业行业理应成为推动经济社会发展的命运共同体。没有高质量的高职教育就无法提供企业行业需要的高素质人才，没有高质量的企业行业就无法为高职院校输出的人才提供就业岗位，两者就是一种共生关系。高职院校和企业行业必须站在宏观角度去审视自己的角色，他们应该有共同的愿景：实现人才链与产业链对接，服务于经济社会的高质量发展。这是融合校企"课程思政"的最根本的价值取向。高职院校要坚持以立德树人为根本任务，培养出企业认可和社会信任的高素质技术技能人才；企业行业要积极融入职业教育，承担教育使命，发挥好独特的技术技能培训功能，从而在真实的生产环境中培养出企业所需、市场所要的高素质技术技能人才。

（二）明确共同标准——校企融合实施"课程思政"的培养体系

校企融合实施"课程思政"，要在人才培养方案和课程标准两个方面形成共识。首先，将课程思政融入人才培养方案。高职院校人才培养方案需要充分融合国家要求、行业企业需求以及学校特色，明确将思想政治素质目标作为各专业人才培养目标的重要组成部分，如"农业报国""开拓创新""工匠精神""全球视野"等；明确企业在人才培养过程中的角色担当和参与路径，充分利用校企资源，构建校企相融的课程体系，引入劳模工匠兼职教师，开设工匠精神与中国传统文化、商业美学、企业管理与哲学思维等课程；特别是现代学徒制班级，可以引入优秀企业文化课程及实践体验活动，使得"课程思政"在校企合作的人才培养方案中得到充分体现。其次，将"课程思政"融入课程标准。课程是落实人才培养方案的基本模块，课程标准是课程实施的基本依据。课程标准要明确校企双方在思想政治素养方面的要求，如"德法兼修""文化自信""精益求精"等，写入"情感、态度、价值观目标"或者"素养目标";明确课程各章节的课程思政映射点,在教学内容选取和教学方法使用时融入思政元素;明确校企双方在课程评价时的参与方式和评价指标,通过课堂现场的实时性评价与课程教学的阶段性评价相结合、过程性评价与终结性评价相结合、定性评价和定量评价相结合,全面、立体地反映学生在思想政治素养上的"增值"情况。

(三)构建共通文化——校企融合实施"课程思政"的精神纽带

高职院校的校园文化是学校在长期的教育实践以及与各种环境要素相互作用的过程中,积淀下来的为本校师生认同和内化的特有的群体文化,是一所学校的风骨。企业文化是企业在生产经营活动中长期沉淀下来的,由其价值观、信念、仪式、处世方法等组成的特有的文化形象,是一个企业的灵魂。虽然,表面上看高职院校和企业属于不同的组织类型,但就其文化内核而言,都包含信念、价值、态度等价值观念体系,制度、仪式、准则等行为规范体系,以及环境布局、设施设备、符号标识等器物风貌体系。培养职业化人才的高职院校与提供职业化岗位的企业可以通过文化交融和文化共通,共建校企融合实施"课程思政"的精神纽带。高职院校可以将企业的质量文化与学校办学理念相融合,将现代企业制度与学校管理制度相融合,将员工的工匠精神与学生职业素养相融合,将企业精神与校风学风相融合。高职院校的校园文化可以成为优秀企业文化的前奏,优秀企业文化可以成为高职院校的校园文化的延伸。高职院校的校园文化要以培养适应企业岗位需求的高素质技术技能人才为出发点,大胆引入合作企业的优秀组织文化,把企业文化教育以及职工思想政治教育前置并纳入学校"大思政"体系;可以与企业共同制订企业师傅的选拔标准,遴选"德技双馨"的经营或技术管理骨干从事课堂教学和班级管理工作,吸纳一部分优秀企业的管理制度、竞争机制和技术标准,实施企业化管理,沉浸式培养学生的职业素养;同时,高职院校也要利用自身的优质资源将党的最新理论等带入企业的生产经营过程,助力企业职工思想政治教育,主动延续人才培养工作。

(四)构建共识评价——校企融合实施"课程思政"的反馈系统

校企融合实施"课程思政"的效果如何?怎样进一步优化?产教融合下"课程思政"的实施也必然是一个闭环系统。产教融合模式下人才培养质量的评价主体一定是多元的。

首先,校企双方要将人才培养目标体系与企业岗位标准体系对接。增强课程思政在人才培养质量考核中的权重,明确课程思政的协作内容、工作方案、资源配置、质量监控等,特别是将岗位标准中职业素养、思想品德纳入人才评价标准,充分发挥评价"指挥棒"的导向和激励作用,制定相互认可、达成共识、方向一致的评价体系。其次,校企双方要将动态评价和结果评价相结合。一方面,在人才培养的过程中要注重对学生思政素养发展情况进行动态观察、实时采集和及时修正,提升其岗位胜任力;另一方面,要能够对学生个体思政素养的增值情况给予客观评价,并考查学生群体的思政素养发展水平,形成"课程思政"实施情况的优化方案,从而不断适应企业对人才质量的时代性要求。校企双方在人才培养过程中互通评价资料,共享数据资源。最后,可以适当引入学生的学习体验和个人成长自评机制,校企共同打通双向反馈系统,多角度、全方位地评估课程思政的实施效果。学生是教学活动的参与者和受益者,评价本身也是教学活动的重要组成,学生参与评价是理所当然的。学生既要知道"别人眼中的自己",也要清楚"自己眼中的自己"。学生评价可以更加真实地反映"学生获得"与"校企识别"之间的一致性,有利于校企双方持续改进评价体系和评价方法。

第六章 "思政课程+课程思政":构建"矩阵式"课程育人共同体

  坚持开门办思政课,强化问题意识、突出实践导向,充分调动全社会力量和资源,建设"大课堂"、搭建"大平台"、建好"大师资",建设全国高校思政课教研系统,设立一批实践教学基地,推出一批优质教学资源,做优一批品牌示范活动,支持建设综合改革试验区,推动思政小课堂与社会大课堂相结合,推动各类课程与思政课同向同行,教育引导学生坚定"四个自信",成为堪当民族复兴重任的时代新人。

——《全面推进"大思政课"建设的工作方案》(2022年)

第一节　思政课程与课程思政协同育人的理论基础

课程是影响学生发展最直接的变量,课程质量直接决定着人才的培养质量。没有课程,教育就没有了用以传达信息、表达意义、说明价值的媒介。"思政课程"与"课程思政"归根到底属于课程育人,而课程育人位列十大育人体系之首,是实现立德树人的根本途径。"思政课程+课程思政"的协同本质上就是要构建起担负思想政治教育的课程共同体,共同筑牢课堂这个意识形态主阵地。一方面,思政课程作为落实立德树人根本任务的关键课程,通过精准把握价值引领方向、精准解读马克思主义理论、精准回应青年学生困惑,为培养堪当民族复兴大任的时代新人奠定坚实的思想基础;另一方面,课程思政作为贯彻立德树人根本任务的重要载体,通过深度挖掘课程的思政元素和育人价值,在教学内容上破除专业壁垒做到融会贯通,在教学方法上体现学生主体促进深度学习,从而构建全课程育人,占领第一课堂前沿阵地,形成发挥思想政治教育功能的课程共同体。

一、协同学理论:思政课程与课程思政协同可以实现"1+1＞2"效应

"协同"的概念自古有之。《说文解字》中提到,"协,众之同和也;同,合会也","协"就是和睦、融洽的意思。《汉语大辞典》中,"协"字有调和、调整、帮助、辅助、和洽等含义。协同学,作为一门新兴学科,是20世纪70年代由德国著名物理学家哈肯(Haken)提出的。早在1971年,德国科学家赫尔曼·哈肯首次在斯图加特大学的一次讲座中提出了协同学的概念。同年,他和他的学生兼合作者格拉哈姆共同撰写了《协同学:一门协作的学》。哈肯定义:协同学是"合作学"。1976年,他出版了《协同学导论》《高等协同学》等著作,对协同理论进行了系统阐述。哈肯认为,一方面我们所研究的对象是许多子系统的联合作用,以产生宏观尺度上的结构和功能;另一方面它又是由许多不同的学科进行合作来发现自组织系统的一般原理。针对合作效应和组织现

象能够解决一些系统的复杂性问题,可以应用协同论去建立一个协调的组织系统以实现工作的目标。[①]客观世界存在着各种各样的系统:社会的或自然界的,有生命或无生命的,宏观的或微观的系统等等,这些看起来完全不同的系统,却都具有深刻的相似性。哈肯在阐述协同论时讲道:"我们现在好像在大山脚下从不同的两边挖一条隧道,这个大山至今把不同的学科分隔开,尤其是把'软'科学和'硬'科学分隔开。"协同论则是在研究事物从旧结构转变为新结构的机理的共同规律上形成和发展的,它的主要特点是通过类比对从无序到有序的现象建立了一整套数学模型和处理方案,并推广到广泛的领域。这一在系统论、信息论、控制论、突变论等多学科研究基础上建立起来的系统科学的重要分支理论,逐步从自然科学领域走向社会科学领域。协同理论,简单地说就是"1+1＞2"的效应,哈肯认为,千差万别的系统,尽管其属性不同,但在整个环境中,各个系统间存在着相互影响而又相互合作的关系。协同理念目前在企业管理领域得到广泛应用,在教育领域同样可以借鉴和移植。在人才培养系统内,以往的思政课程作为一个相对稳定的课程群,在教育实践中比较封闭,是开展学生思想政治教育的独立场域。但是,我们不难发现,当其他课程不可避免地与思政课程产生相互作用时,思想政治教育需要被视为一个复杂的系统工程。思想政治教育的效果是无数个合力作用的结果。铸魂育人的目标任务需要从统一的角度有效协同思政课程与课程思政,通过充分调动系统内各要素的积极性,形成整体大于局部之和的叠加效应。

二、教育生态学理论:课程在思想政治教育生态系统中需要实现健康互动

教育生态学是20世纪70年代中期兴起的一门新兴的教育学分支学科,它是生态学原理与方法在教育学中渗透与应用的产物。1966年,英国学者阿什比(Ashby E.)在关于英国、印度和非洲大学的比较研究中提出"高等教育生态学"概念,开创用生态学理论和方法研究高等教育之先河。1976年,美国哥伦比亚师范学院院长劳伦斯·A·克雷明在《公共教育》(*Public Education*)一书中最早提出"教育生态学"这一科学术语并对其进行了详细的论述。生态学是研究生命系统和环境系统之间相互作用的规律和机理的;教育学则是研

---

① [德]赫尔曼·哈肯.协同学导论[M].张继岳,译.西安:西北大学科研处,1981:254.

究教育发展的规律,以及社会对教育的影响和教育在社会发展中的地位和作用;而教育生态学是依据生态学原理,特别是生态系统、自然平衡、协调进化等原理,研究教育与其周围生态环境之间相互作用的规律和机理的科学,它把教育与生态环境联系起来,并以其相互关系及其作用机理作为其研究的对象,研究各种教育现象与成因,进而掌握并指导教育发展的趋势和方向。高职院校思想政治教育是一个复杂的生态系统,各要素之间相互制约、相互作用,它与整个社会生态系统同生共竞、互动循环。①思政课程与课程思政协同育人就是要建立系统观、平衡观、联系观、动态观,识别各课程之间以及课程与其他要素在思想政治教育生态系统内部的关系,关注教师—教师、教师—学生、学生—学生在情感态度价值观等问题上的物质循环、能量流动和信息传递,探究生态失衡的深层原因,建构健康平衡的思想政治教育生态循环系统,有利于实现课程育人的整体协调与可持续发展。

第二节 构建高职院校"课程育人"共同体

共同体通常是指由相互联系、相互作用的要素以某种方式构成相对稳定的整体。关于共同体的表述可以追溯到古希腊城邦的市民共同体,在不同的话语体系中共同体的概念和含义也有所不同。所谓"课程育人"共同体,就是整合参与课程教学的全体教师,挖掘各类课程中蕴含的思想政治教育元素,协同推进思政课程与课程思政建设所构成的一个有机整体。高职院校的"课程育人"共同体在本质上是"课程育人"工作各要素之间的一种关系性存在,主要表现为"课程育人"工作主体、客体、目标、行为和资源等要素基于共同体这一核心理念进行协同与整合。"课程育人"共同体从宏观上确立共同体的价值目标,确保"课程育人"工作的正确导向;从中观上形成共同体的联动机制,发挥思政课程与课程思政各构成要素联动的系统合力;从微观上强化共同体的制度设计,实现思政课程与课程思政共同体运转的协调规范。

---

① 张合营.共生竞存与互动循环:高校思想政治教育生态构建的诠释[J].广西社会科学,2011(12):146-149.

一、高职院校"课程育人"共同体的基本特征

高职院校"课程育人"共同体是一个有机统一的整体。首先,具有系统性特征。"课程思政"是一项复杂的长期性系统工程,要由高职院校党委统一领导,行政部门统一规划,全体成员统一认识,各门课程统一目标,打破"课程思政"建设中"散兵游勇"的运作模式,实现系统性推进。其次,具有整体性特征。思想政治教育与其他学科专业分属于不同的学科和管理院系,共同体需要开创职能部门与各学院之间合力推进的工作局面,形成多元主体共同参与的"课程思政"共进模式。最后,具有协同性特征。由于高职院校专业构成不同、课程类型不同,要借助学校跨专业的优势构建研究和对话平台。通过组建跨专业支撑的"课程思政"共同体,实现高职院校"课程思政"与"思政课程"同向同行、同频共振的高效协同。

二、超越思政课程:高职院校"课程育人"共同体的生成

思政课程是马克思主义理论教育的课程总称,是立德树人的关键课程,担负着铸魂育人的重要使命。课程思政是以立德树人为主要任务,回归教师的"教书育人"职责,挖掘每门课程所蕴含的思想政治教育资源,对学生进行价值塑造、知识传授和能力培养的"完整教育"理念。从思政课程到课程思政,不是简单的词序转换,不是简单的包含与被包含关系,而是课程观的转变。高职院校超越思政课程生成课程育人共同体,宏观层面是由实现中华民族伟大复兴的必要性和应对百年未有之大变局的紧迫性决定的,中观层面是由高职院校人才培养的时代性和思想政治教育的复杂性决定的,微观层面是由高职院校课程目标的离散性和教育对象自身发展需要的全面性决定的。高职院校"课程育人"共同体在育人理念的升级转变中逐步生成,其应然性和实然性呈现出历史、理论、实践的三重逻辑。

(一)理论逻辑:马克思主义关于人的全面发展理论

马克思主义认为,人是社会实践的主体,既被现实社会所塑造,又在推动社会进步中实现自身发展。要建设什么样的社会、实现什么样的目标,人是决定性因素。关于人的发展问题研究,既是一个历史和时代命题,也是马克思主义哲学的一个根本问题。马克思主义关于人的全面发展理论是高职院校构建"课程育人"共同体的逻辑起点。马克思关于人的全面发展理论起源于他对

人的本质的思考,马克思在对宗教异化、政治异化及劳动异化的批判扬弃后得出结论:"人的本质不是单个固有的抽象物,在其现实性上,它是一切社会关系的总和。"在此基础上,马克思进一步揭示了旧式分工导致人的片面发展,压迫了人的体力和智力发展潜能,强调人在满足物质和精神需要的前提下,智力、体力、才能、情趣按照自己的个性全面发展,实现人的自由发展和全面解放。构建高职院校"课程育人"共同体的目的就是以共同肩负育人职责为使命,解决"课程"与"思政"的互融问题,更好地促进学生的自由全面发展。构建高职院校"课程育人"共同体的最终目的与马克思主义关于人的全面发展理论的终极目标是一致的,是新时代马克思主义人的全面发展理论在教育领域的具体化,旨在通过思政课程与课程思政的协同培养符合社会主义现代化建设全面发展的人,为构建高职院校"课程育人"共同体提供了基本的理论遵循。

(二)实践逻辑:新时代思想政治教育的创新发展

中共中央、国务院印发《关于加强和改进新形势下高校思想政治工作的意见》,其中强调"坚持全员全过程全方位育人",即"三全育人",这是共同体理念融入新时代思想政治教育最鲜明的体现。中共中央办公厅、国务院办公厅印发的《关于深化新时代学校思想政治理论课改革创新的若干意见》中强调推进"课程思政"建设和完善学科体系,提出"大中小学思政课一体化"建设,加强思政课教师队伍建设,将共同体理念深入到了新时代思想政治教育内容以及各教育阶段。教育部等十部门印发的《全面推进"大思政课"建设的工作方案》强调,要"坚持开门办思政课""充分调动全社会力量和资源",建设社会"大课堂"、搭建资源"大平台"、建好专兼结合的"大师资",这个"大"的概念其实就是强调在教育场域、教育资源、教育主体中融入人结合的共同体理念。基于唯物辩证法联系的、发展的、整体的观点,新时代思想政治教育创新发展中充分显现了"课程育人"共同体的实践逻辑。高职院校紧紧围绕立德树人的根本任务,通过建立"思政+专业"的课程矩阵,将课程体系建设与中国特色社会主义事业的具体实践联系起来,形成把"中国故事"与专业课程有机联系的"课程育人"共同体,努力实现课程思政建设的常态化和有效性。

(三)文化逻辑:新时代意识形态工作面临严峻挑战

中国特色社会主义进入新时代,"我国同世界的联系更趋紧密、相互影响更趋深刻,意识形态领域面临的形势和斗争也更加复杂"。意识形态工作是党和国家一项极端重要的工作,能否做好意识形态工作,事关党的前途命运,事关国家长治久安,事关民族凝聚力和向心力。高职院校不仅是立德树人的重要场所,也是各种思想文化交流交融交汇的地方,是意识形态工作的前沿阵地,肩负着学习研究宣传马克思主义、弘扬社会主义核心价值观、培养德智体美劳全面发展的社会主义合格建设者和可靠接班人的重要使命。随着以网络技术、数字技术为支撑的全媒体时代的到来,各种碎片化、去中心化的网络信息影响着大学生的世界观、人生观和价值观,侵蚀着马克思主义在意识形态领域的主导地位,对高职院校的意识形态工作带来了严峻的挑战。面对波谲云诡的国际形势,高职院校必须牢牢掌握马克思主义在意识形态领域主导权和话语权,将思想政治教育工作贯穿人才培养全过程,在育人的各个环节、各种场域注重思想政治教育的价值引领。面对信息"无处不在、无所不及、无人不用"的全媒体时代,高职院校需要加固"课程"主战场建设,形成"课程育人"共同体,针对不同课程的内容特点,"因事而化、因时而进、因势而新"地运用马克思主义中国化时代化最新成果,将培育和践行社会主义核心价值观有机融入课程实施全过程,充分发挥高职院校立德树人的整体功能。

三、构建"矩阵式"的课程育人共同体

(一)"矩阵式"课程育人共同体的基本形态

教师之间"同向同行、协同育人"是课程之间"同向同行、协同效应"的基础。教师之间的"协同育人"首先需要解决的是组织结构运行和管理流程畅通问题。我们不妨从"矩阵结构(Matrix Structure)"中寻找解决方案。"矩阵结构"是管理学中的一个非常经典的组织设计方案,由美国日裔学者威廉·大内在1981年出版的《Z理论》一书中提出,是职能型组织结构和项目型组织结构的混合。该结构由纵横两套管理系统构成,一套是垂直的职能领导管理系统,另一套是为了完成某项任务而组成的横向项目系统,项目小组属于临时性组织。矩阵结构打破了职能型组织统一指挥的传统,允许不同领域的资源跨界整合,能够及时满足对每一具体项目任务快速反应的要求,对于思政课程与课程思政协同组织的构建具有借鉴意义。

在"矩阵式"的课程育人共同体中,思政课教师与专业课教师一方面分别属于各自的专业教研室,在专业建设上接受固定组织教研室主任的管理;另一方面,思政课教师与专业课教师又灵活地以某项课程育人任务为纽带形成

项目组,接受项目负责人的管理。这样的组织结构可以有效解决思政课程与课程思政协同育人的组织管理不畅问题。

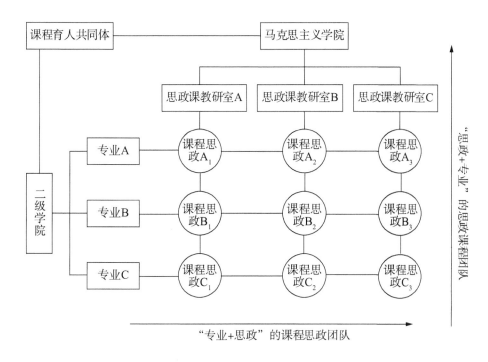

图6-1 "矩阵式"课程育人共同体

（二）思政课教师与专业教师的双向奔赴

"矩阵式"组织结构搭建属于育人共同体管理流程的技术问题,而事实上在组织运行过程中真正面临的难题是教师素养的适配问题。"矩阵式"课程育人共同体中的教师,需要从"思政+专业"两个方面强化素养提升才能充分胜任。

1.高职院校思想政治理论课教师:"思政功底+专业视野"

苏霍姆林斯基提到:"在上课时,教师不仅要注意自己关于本门学科的思路,而且要注意到学生。"[①]学生学情是课程育人的前提,基础的学情分析就是学生的专业方向。长期以来,高职院校思政课教师的主要精力都用于提升自己的"马克思主义理论学科"功底,面向全体学生讲授经过集体备课的"思政

---

① 朱晓彤.苏霍姆林斯基:《给教师的建议》阅读启思[J].齐齐哈尔师范高等专科学校学报,2021（03）:5-7.

课程",几乎没有关注授课对象的专业方向,也未将"专业人才培养方案"作为思政课程建设的逻辑起点。思政课程是没有进行"专业关联"的公共课程,思政课教师的视野也仅仅局限于自己的学科领域。随着专业人才培养高素质要求与思想政治理论课低效率现实矛盾的加剧,"思政课程到底在人才培养过程中发挥什么样的作用?""思政课程如何支撑专业人才培养?"等问题引发大家的思考。而事实上,无论是"思想道德与法治""形势与政策",还是"毛泽东思想和中国特色社会主义理论体系概论""习近平新时代中国特色社会主义思想概论",这些理论性与实践性相统一的思政课程都能够找到与专业人才培养规格要求的契合点,理应成为专业人才培养的有效支撑。《关于深化新时代学校思想政治理论课改革创新的若干意见》指出:"推动建立思政课教师与其他学科专业教师交流机制。"思政课教师可以通过"讲深、讲透、讲活"来指导学生以正确的价值取向投身"专业实践"。学校马克思主义学院可以将思政课程教师根据兴趣爱好、学习经历、研究特长等分成若干个小组,与专业类二级学院进行结对,为思政课程教师深入二级学院熟悉专业人才培养建立机制和平台。思政课程教师通过参加人才培养方案审定、班级管理、课程思政建设、社团指导等工作,加强与专业教师的交流沟通,强化对高职教育人才培养特点的认知,深化对授课对象所属专业的了解,建立思政课程与人才培养专业之间的链接,从专业人才培养目标达成的角度思考思政课程的建设标准、内容供给、教学方法、课程评价等问题,把"仰望星空"的理论知识和"脚踏实地"的专业认知相结合,增强思政课的吸引力和实效性。

2. 高职院校专业课教师:"专业功底+思政格局"

高职院校学生在整个在校学习过程中,面对的教师80%是专业教师,学习的课程80%是专业课程,时间的分配80%是专业学习。同时,80%的学生认为,对自己成长影响最深的是专业课和专业课教师。4个"80%"是实施课程思政,回答好"如何发挥专业教师在课程育人中的关键作用,担负起铸魂育人的使命?"重要问题的现实需要。高职院校必须紧紧抓住专业课教师"主力军"、专业课教学"主战场"、专业课课堂"主渠道",深入推动专业课程与思政教育的紧密融合,让每一名专业教师成为既有专业功底又有思政格局的高素质教育工作者。专业教师不仅要重视"一亩三分地"的授业职能,也要关注"守好一段渠"的育人使命。专业教师一方面要主动学习马克思主义基本理论,具备一定的马克思主义理论素养;要锤炼过硬的政治素质,保持政治定力,担负时代使命，筑牢课程思政的思想根基；要掌握思想政治教育的内在规律，科学应用课程思政的隐性教育方法。另一方面，专业教师可以和思政教师组建以项目任务达成为主要目标的柔性组织——联合备课组，通过集体备课的方式，充分挖掘专业课程的思政元素，研究如何生成符合"课程思政"的专业课程，从教学目标、教学内容、教学方法、教学资源分配、教学组织和教学评价等方面探索"课程思政"二次开发的相关技术；研究如何以专业发展的筚路蓝缕讲述中国道路、以专业领域的辉煌成就坚定"四个自信"、以专业英模的感人事迹引领青春梦想、以专业前沿的重大问题激发创新担当，有效破解"课程思政"实施的"最后一公里"问题。高职院校要将"专业功底+思政格局"作为专业教师的基础胜任力，通过课程思政专项培训提高专业教师的思政素养，提升其课程思政的挖掘能力。专业教师要能够以专业课程知识体系为问题导向，促使学生进行思想政治教育层面问题的深度思考，实现课程思政与思政课程的协同育人。

第七章　同频共振：高职院校思政课程与课程思政协同育人

  课程思政建设是一项系统工程，各地各高校要高度重视，加强顶层设计，全面规划，循序渐进，以点带面，不断提高教学效果。要尊重教育教学规律和人才培养规律，适应不同高校、不同专业、不同课程的特点，强化分类指导，确定统一性和差异性要求。要充分发挥教师的主体作用，切实提高每一位教师参与课程思政建设的积极性和主动性。

  高校课程思政要融入课堂教学建设，作为课程设置、教学大纲核准和教案评价的重要内容，落实到课程目标设计、教学大纲修订、教材编审选用、教案课件编写各方面，贯穿于课堂授课、教学研讨、实验实训、作业论文各环节。

——《高等学校课程思政建设指导纲要》（2020年）

第一节 顶层设计的政策支持系统

要实现思政课程与课程思政的协同育人首先需要站在学校人才培养的总体布局上进行系统化规划部署,从宏观上建立科学的政策支持系统,形成引导机制,也就是通常所说的顶层设计。所谓"机制",简单地说就是体制和制度。体制强调职能的归属和配置,解决的是"谁来做"的问题;制度强调规则的确立和完善,解决的是"怎么做"的问题。科学的机制是由若干具体的、相互支撑的、操作性强的体制和制度所构成的。教育部印发《高等学校课程思政建设指导纲要》,从宏观层面对课程思政建设"干什么、怎么干、谁来干"进行全面部署。"各高校要建立党委统一领导、党政齐抓共管、教务部门牵头抓总、相关部门联动、院系落实推进、自身特色鲜明的课程思政建设工作格局"的要求为高职院校提供了顶层设计的基本轮廓。作为高职院校,需要在宏观政策指导下整体设计学校顶层支持系统。

一、发挥高职院校党委的"战略指挥"功能

党的全面领导是做好新时代思想政治教育工作的根本保证。习近平总书记指出,思想政治工作是学校各项工作的生命线,各级党委、各级教育主管部门、学校党组织都必须紧紧抓在手上。[①]高职院校推进课程思政与思政课程的协同育人,学校党委必须靠前指挥,建立党委统一领导的联动机制和组织体系,进一步明确目标、细化任务、压实责任、强化监督,全面贯彻党的教育方针,解决好"培养什么人、怎样培养人、为谁培养人"这个根本问题。要建立由学校党委书记和院长任组长,分管学生思想政治教育工作和分管教学工作的校领导担任副组长,党委宣传部、党委教师工作部、党委学生工作部、教务处、马克思主义学院、科研处、团委等相关职能部门负责人为成员的统筹决策机制,建立课程育人工作领导小组或者"大思政课"建设工作领导小组。该机构属于战略指挥层,是关于这一问题的最高层次协商组织,能够对教育主管部门

---

① 习近平.坚持中国特色社会主义教育发展道路 培养德智体美劳全面发展的社会主义建设者和接班人[N].人民日报,2018-09-11.

的政策动态作出快速反应，形成实施意见，明确学校落实政策的宏观布局；能够抓住可能出现的新机遇、新形势，调整和优化学校的战略选择，预防可能出现的冲突和风险，解决关键性矛盾；能够谋划工作节奏，明晰工作职责，形成工作联动，营造支持教师开展协同育人工作的政策环境，统筹相关教学改革项目、科研项目、师资团队等，成为思政课程与课程思政协同育人的"指挥中心"。

二、发挥高职院校教务处的"战术引领"功能

思政课程与课程思政的协同本质上就是课程育人。课程育人必须从人才培养方案的制定与实施这个源头上抓起。所以，教务处需要发挥牵头引领功能。学校可以独立或非独立设置课程思政研究中心，挂靠教务处，专门开展思政课程与课程思政协同的理论研究和实践试点。由教务处长任组长，各二级教学单位（包括马克思主义学院）党组织和行政负责人为成员，省级以上行业模范和教学名师组成顾问团队。该机构属于战术设计层，能够根据学校特点制定课程思政研究中心的年度重点工作，谋划和实施学校思政课程与课程思政协同育人的研讨会议、专题培训、名师讲座、工作坊、课题立项、金课打造、教材开发、教学竞赛等多种形式的活动，搭建体系化、特色化的协同育人载体，全面提升协同育人的实效。课程思政研究中心通过建立将课程思政有机融入的人才培养方案编写标准、课程建设标准、教学实施标准、教学质量评价标准等规范课程思政的建设标准；加强信息化课程资源平台建设，搭建课程思政资源共享和示范课程平台，分享课程思政教学案例；聚集一批高水平的课程思政理论研究和实践探索专家，整合马克思主义学院与各二级教学单位的师资资源，形成结对共建模式，合力挖掘专业课程教学中的思政元素，推动课程思政由点到线，再由线到面，形成立体化的课程思政体系；努力将思政课程与课程思政的协同形成具有可操作性建设项目，提高教师的协同育人能力。

三、发挥高职院校二级教学单位的"战斗攻坚"功能

随着高职院校"校—院"二级管理治理模式的不断深入，二级教学单位独立开展教学改革的能力持续增强，其对课程育人工作的关注程度、研究深度、执行能力至关重要。在推进课程思政和思政课程协同育人过程中，各二级学院需要自觉承担起"战斗攻坚"的责任，在学校领导小组和教务处研究中心的

指导下,推动协同育人工作落到实处。首先,二级教学单位可以设立课程思政教学与研究分中心,将课程思政的建设标准落实到专业人才培养、课程建设、师资建设、教学管理等各个方面,形成相互契合的实施方案;第二,要发挥教研室的关键作用。教研室作为二级教学单位开展教学工作的基层组织,不仅要推进课程思政和思政课程协同育人具体实施,还要搭建二级教学单位与教师之间沟通的桥梁。教研室要通过课程建设规划、教学团队组合、示范课程展示、教学研讨交流、质量评价监督等,特别是要成立相应的课程备课小组,在教学环节解决课程思政的"最后一公里"问题,落细落准协同育人工作。要健全教研室的质量运行和保障机制,常态化进行信息共享和集中学习,不断形成PDCA的螺旋上升过程,持续改进课程思政成效。高职院校"党建+业务"双带头人教师党支部书记培育工程的实施也为教研室开展思政课程与课程思政协同育人提供了基本的制度保障。教师支部书记立足"党建+业务"同频共振发展战略,将协同育人自然而然地融入教学与科研工作中,可以充分发挥党员教师在思想政治教育中的"领头羊"作用,形成示范课堂,进而牵引带动广大教师全面参与协同育人工作。

第二节 德才兼备的教师支持系统

教师是高职院校教育教学工作基层的组织者和实施者,思政课程与课程思政协同育人关键在教师。挖掘和深化各类课程的育人功能,切实提高高职院校人才培养质量,要充分发挥好教师队伍的主力军作用。"强化育人意识,找准育人角度,提升育人能力"可以确保课程思政建设落地落实、见功见效。

一、理念支持:全体教师要强化课程育人意识

德国著名诗人海涅说过:"思想走在行动之前,就像闪电出现在雷鸣之前一样。"高职院校要推进思政课程与课程思政的协同育人建设,解决好专业教育和思想政治教育"两张皮"问题,首先要切实增强教师的课程思政意识,建立知识传授、能力塑造、素质养成的三维目标相融合的育人理念,形成课程育人自觉,提高每一位教师参与协同育人的积极性和主动性。高职院校教师要

努力成为先进思想文化的积极传播者、马克思主义的坚定信仰者,更好担起学生健康成长的指导者和引路人的责任。全体教师要充分理解课程思政与思政课程同向同行的重要意义,显性教育和隐性教育相统一的基本要求,明确自身在"三全育人"大格局中的关键性角色;要深刻认识到,每一门课程都是课程育人的"阵地",不管是思政课程、公共基础课程,还是专业教育课程、实践类课程,都理应发挥育人功能,守好一段渠、种好责任田;要站在培养德智体美劳全面发展的社会主义建设者和接班人的高度,不仅传授学生知识、培养学生能力,更要塑造学生人格、培育学生素养,担当助力学生健康成长的"大先生"。要坚持"学高为师、身正为范"的职业标准,身先垂范,以深厚的理论功底、渊博的知识储备、卓越的处世智慧和高尚的人格魅力滋养学生,帮助学生塑造正确的世界观、人生观和价值观。

二、能力支持:全体教师要锤炼课程育人能力

高职院校教师是对课程进行"课程思政"二次开发的设计者和实施者,是这一课程观能否落实的关键因素。课程育人能力本质上是一种综合性的育人能力,包含课程思政元素挖掘能力和课程思政教学组织能力。客观上,每一门课程都蕴含着丰富的思政元素,但不可否认的是教师深度挖掘和利用蕴含在各个知识点背后以及隐含在专业理论深处的思政元素的能力是参差不齐的。首先,全体教师需要通过各种培训和自我探究提升课程思政元素的挖掘能力。从深入学习所教专业的历史发展、人物故事、文化资源等入手,厚植人文素养,能够熟知专业知识与思政元素之间的链接点。教师能否贯穿融合价值引领的"思政"元素,强化课程的思想政治教育功能,实现"课程思政"与思政课程的协同育人效果,是由其是否具备广博而扎实的人文素养决定的。"课程思政"的挖掘能力考验的不仅仅是教师对专业技能掌握的熟练程度,更是与专业相关联的政治学、经济学、历史学、文学、哲学、美学等人文知识的积累,这些以专业为圆心的人文积累半径越长,越能够找到将专业知识和思政进行有效链接的载体。需要注意的是,这些元素必须与专业相关联,不是孤立的、机械的思想政治教育内容,必须有支撑专业知识的价值。其次,全体教师需要通过实战训练提升课程思政的教学设计能力。要想在教学过程中能够游刃有余地萃取"思政之盐",自然而然地融入"课程之水",课程设计是关键能力。教师要能够找准切入点将挖掘出来的思政元素"融"入教学过程中去,从所教专业的内

在逻辑出发,从学生关心的现实问题入手,基于高职院校学生的认知规律,进行科学合理的教学过程设计;教师要善于抓住思政元素融入的时机,巧妙运用学生易于接受的生活化的话语体系,通过情境创设、案例分析、问题链等方式引发学生深度思考和情感共鸣,有效发挥隐性思想政治教育的作用,在不断螺旋上升的启发中进行思想引领、价值塑造,达到润物无声的教育效果。

三、师德支持:全体教师要提升个人师德修养

以德立身、以德立学、以德施教,高尚师德是最鲜活的课程思政。党的二十大报告提出"加强师德师风建设,培养高素质教师队伍,弘扬尊师重教社会风尚"。延续十八大、十九大报告,一如既往地关注"师德"。十八大以来,党和国家坚持把教师队伍建设作为基础工作。习近平总书记始终心系广大教师,对教师群体的角色定位不断提出新的更高要求,为教师队伍建设指明方向。

"人民教师无上光荣,每个教师都要珍惜这份光荣,爱惜这份职业,严格要求自己,不断完善自己。做老师就要执着于教书育人,有热爱教育的定力、淡泊名利的坚守。"[①] "全国广大教师要做有理想信念、有道德情操、有扎实知识、有仁爱之心的好老师。"[②] "广大教师要做学生锤炼品格的引路人,做学生学习知识的引路人,做学生创新思维的引路人,做学生奉献祖国的引路人。"[③] "无上光荣"这四个字代表了教师的社会地位;"四有"好老师的标准为广大教师明确了努力目标;四个"引路人"从教师教育理念和教育能力的角度提出了更高的要求。

"一个优秀的老师,应该是'经师'和'人师'的统一,既要精于'授业'、'解惑',更要以'传道'为责任和使命。"[④] "经师"指的是教师要精通专业知识,成为学术典范;"人师"指的是教师要涵养德行,润己泽人。培养社会主义建设者和接班人,迫切需要新时代的教师集二者于一身,既传播知识、传播思想、

---

① 习近平.坚持中国特色社会主义教育发展道路 培养德智体美劳全面发展的社会主义建设者和接班人[N].人民日报,2018-09-11.
② 习近平.做党和人民满意的好老师——同北京师范大学师生代表座谈时的讲话[N].人民日报,2014-09-10.
③ 习近平.全面贯彻落实党的教育方针 努力把我国基础教育越办越好[N].人民日报,2016-09-10.
④ 习近平.做党和人民满意的好老师——同北京师范大学师生代表座谈时的讲话[N].人民日报,2014-09-10.

传播真理,又塑造灵魂、塑造生命、塑造新人。

不同的老师,用同样的课程设计,即便从宏观逻辑体系到微观教学语言都统一起来,课程实施效果也会截然不同,这和教师的个人魅力是高度相关的。乌申斯基在《教学的三要素》中写道:"在教育中,一切都应该以教育者的个性为基础,因为教育的力量只能从人的个性这个活的源泉流露出来。"任何规章和纲领,任何认为的结构,不管考虑得多么巧妙和周密,都代替不来教育事业中的个性。教育者个人不直接作用于受教育者,就不能有真正深入性格的教育。只有个性才能作用于个性的发展和形成,只有性格才能养成性格。在多尔的后现代课程观里,教师也被视作是课程的一部分。美国后现代主义课程理论专家认为:"在技术理性为主导的课程中,教师仅仅当作'车轮上的齿轮',是'生产线上的技术管理员',仅仅是知识的传递者,教师无权考虑课程问题,教师的任务是教学。""在对话和反思的框架中,教师不再是知识权威的代言人,而是探索过程中的参与者与协调者。"教师本身的人格魅力理应成为教学情境的组成部分,在现实的、沉浸的"身教"中传递思想政治教育元素,完成思想政治素养的自我建构,达成思想政治教育目标。

一个人遇到好老师是人生的幸运,一个学校拥有好老师是学校的光荣,一个民族源源不断涌现出一批又一批好老师则是民族的希望。这个"好"字应如何理解?好老师的画像应该是什么样的?无论是作为一名教育工作者的自我反思,还是作为一名家长对自己孩子教师的期待,都会首先说出"师德"二字。何为师德,就是教师的职业道德,它是教师和一切教育工作者在从事教育活动中必须遵守的道德规范和行为准则,以及与之相适应的道德观念、情操和品质。

从35年如一日扎根太行山,将论文写在祖国大地上的李保国,到不仅一辈子做教师,还坚持"一辈子学做教师"的于漪;从"宝藏老师"陕西师范大学马克思主义学院副教授张帆,到"带着信仰扎根思政课讲台"的华东师范大学教师闫方洁……他们致力于让教育理想薪火相传,立德树人、默默奉献,用坚守和奉献展现了当代人民教师的高尚师德与责任担当,挺起了民族教育的"脊梁"。用自己的"生动故事"诠释了高尚师德就是最鲜活的思政教育。

(1)高尚师德能够成为一堂有力度的思政课。无论承担思政课程还是课程思政,每一名教师都有立德树人、铸魂育人的使命。新时代评价一名好老师,首先要看的是政治标准,是否意识到肩负的国家使命和社会责任,这也是作为新时代人民教师应有的大德。有"全国优秀教师"之称的黄大年，从海外回国，带着团队用5年时间完成了西方发达国家20多年走过的路程，在历史的表盘上抒写了共产党员的信仰和情怀，用巡天、探地、潜海"弯道超车"的奇迹，"推动历史向前发展"。这个案例成为400多个"全国高校黄大年式教师团队"前行的信仰力量，激励着每一位平凡的教师在自己的工作岗位上努力前行。

（2）高尚师德能够成为一堂有温度的思政课。爱是教育的永恒主题。党的十八大以来，习近平总书记语重心长地谈道，教育是一门"仁而爱人"的事业；好老师应该是仁师。在中国人民大学考察时，习近平总书记强调："广大教师要严爱相济、润己泽人，以人格魅力呵护学生心灵，以学术造诣开启学生智慧，把自己的温暖和情感倾注到每一个学生身上，让每一个学生都健康成长，让每一个孩子都有人生出彩的机会。"张桂梅，扎根滇西贫困地区40多年，立志用教育扶贫斩断贫困代际传递，帮助数以千计贫困山区女学生圆梦大学，以怒放的生命，向世界表达倔强的故事就是一堂能够感天动地的思政课。

（3）高尚师德能够成为一堂有深度的思政课。严谨治学、严于律己应该成为教师的基本准则。面对浮躁而内卷的现状，教师要有坚守。跳出自我，看到他人；跳出当下，看到未来；跳出利益，看到道义；使学生明白要赢在大胸怀、赢在大格局，从而走出懵懂和愚昧，走出偏私和狭隘，走出心灵和精神的莽荒之地，做一个明白事理的人、思想通透的人、精神充盈的人。

第三节　培根铸魂的教材支持系统

百年大计，教育为本；教育大计，教材为基。教材是开展教育教学、推进立德树人的关键要素，体现着党和国家对教育的基本要求，传承着中华民族优秀的价值观和思维方式，承载着人类文明积累和知识创新的成果。课本虽小，却是国之重器、"国之大者"。教材建设是育人育才的重要依托，建设什么样的教材体系，核心教材传授什么内容、倡导什么价值，既是国家意志的体现，是国家事权，也是文化软实力的集中展示。

党的十八大以来，以习近平同志为核心的党中央站在党和国家发展全局、确保国家意识形态安全的战略高度，为教材建设标定方向、擘画路径。习近平总书记通过发表重要讲话、深入学校座谈、回答记者提问、给出版社教材编辑回信等方式,系统精辟地阐述了在教育强国和人才强国战略视野下,就如何建设高质量教材体系、建设什么样的高质量教材体系、为谁建设高质量教材体系等重大理论和实践问题,提出了一系列新时代教材建设的新理念、新思想、新观点,指明了教材建设的历史使命和工作重心,为教材建设朝着正确的方向前进,更好地发挥培根铸魂的作用提供了根本指引。[①]

当前,我国正处于从"教育大国"向"教育强国"稳步迈进的关键时期,在统筹"两个大局"全面建成社会主义现代化强国的新征程中,高职院校教材建设高质量发展迎来了新的挑战。我们一方面要深刻领会党和国家在教材建设上的总体部署,特别是"一个坚持五个体现"的具体要求;另一方面要结合党和国家在高校宣传思想政治工作方面的整体部署,《普通高等学校"三全育人"综合改革试点建设标准(试行)》《高等学校课程思政建设指导纲要》等文件关于课程思政的要求,《"党的领导"相关内容进大中小学课程教材指南》《习近平新时代中国特色社会主义思想进课程教材指南》《中华优秀传统文化进中小学课程教材指南》《革命传统进中小学课程教材指南》《大中小学劳动教育指导纲要(试行)》《大中小学国家安全教育指导纲要》等重大主题融入课程教材的具体要求,从双重角度整体落实教材的培根铸魂使命。新时代高职院校思政课程与课程思政的协同育人必须构建以培根铸魂为使命的教材支持系统。

一、加强党的领导,坚持马克思主义指导地位,站稳"中国立场"

教材是解决培养什么人、怎样培养人、为谁培养人这一根本问题的重要载体,是国家意志在教育领域的直接体现。必须牢牢把握党对教材工作的领导权,加强党对教材工作的全面领导,把党的领导和党的主张落实到教材建设的各个方面,使教材领域成为坚持党的领导的坚强阵地,这是首要任务。国家教材委员会成立以来,统筹推进全国大中小学教材建设,从教材规划、管理制度、工作机制、编审队伍、基础研究等方面,完善顶层设计,加强审核把关,极大地

---

① 郝志军,王鑫.加快形成中国特色高质量教材体系——习近平总书记关于教育的重要论述学习研究之三[J].教育研究,2022(03):4-14.

调动了各方积极性,形成工作合力。①从高职院校党委来说,需要从组织机构、议事规则、管理流程上对教材工作加强全面领导,全面加强教材管理制度建设,解决好"谁来管""管什么""怎么管"的问题,着力补齐短板、堵塞漏洞,实现管建结合、以管促建。同时,需要加强政治把关,坚持马克思主义指导地位,站稳政治立场,守好意识形态阵地,通过强化教材建设、选用、评价方面的制度规定与执行,坚决把习近平总书记关于教材建设的重要论述落到实处。马克思主义是我们立党立国、兴党兴国的根本指导思想,也当然是教材建设工作的指导思想。教材在系统阐释各学科专业基本原理的时候,要自觉运用马克思主义的立场、观点和方法,符合马克思主义关于自然界、人类社会、思维发展的一般规律;在全面反映国家经济社会发展实践经验的时候,也应当运用马克思主义对其进行科学总结,及时提炼并形成系统的理论认识。只有始终坚持马克思主义的教材,才能帮助学生树立正确的世界观、人生观、价值观,促进学生健康成长成才;只有坚持以马克思主义为指导,教材建设才能引领正确的政治方向和价值导向,全面落实立德树人根本任务。

二、扎根中国大地,体现马克思主义中国化时代化最新要求,阐释"中国经验"

恩格斯说:"我们的理论是发展着的理论,而不是必须背得烂熟并机械地加以重复的教条。"那种"认为人们可以到马克思的著作中去找一些不变的、现成的、永远适用的定义"是一种"误解"。②马克思主义中国化、时代化,就是立足中国国情和时代特点,坚持把马克思主义基本原理同中国具体实际相结合、同中华优秀传统文化相结合,深入研究和解决中国革命、建设、改革不同历史时期的实际问题,真正搞懂面临的时代课题,不断吸收新的时代内容,科学回答时代提出的重大理论和实践课题,创造新的理论成果。对教材工作而言,就是要求高职院校能够运用马克思主义立场、观点和方法深刻分析中外教材建设经验,加强对教材工作实践的理论总结和理论创新,走中国特色的高质量教材建设道路;就是要根据各学段、各专业层层递进的特点,把符合马克思主义中国化时代化要求的重大理论创新成果及时全面、系统地融入教材之中。

---

① 郑富芝.尺寸教材悠悠国事——全面落实教材建设国家事权[J].人民教育,2020(02):6-9.
② 石仲泉.马克思主义和中国化马克思主义理论[N].天津日报,2018-04-23.

2021年教育部研究制定了《习近平新时代中国特色社会主义思想进课程教材指南》等指导性文件，提出要"强化重大主题教育整体设计，增强课程教材育人功能，实现大中小学育人目标内容有序递进、螺旋上升"，高职院校教材建设需要紧跟步伐，全面落实相关要求。

三、传承文化基因，体现中国和中华民族风格，打上"中国烙印"

新时代高职院校教材要体现中国和中华民族风格，打上中国和中华民族的文化基因和烙印。2013年8月19日，习近平总书记在全国宣传思想工作会议上的讲话强调："独特的文化传统，独特的历史命运，独特的基本国情，注定了我们必然要走适合自己特点的发展道路。"①建设中国特色的教材体系，体现中华民族特色，弘扬和培育民族精神，增强国家认同感和铸牢中华民族共同体意识，这是中华民族安身立命之本，也是我们自信地走向世界、博采众长，体现中国立场、中国气派的关键。新时代高职院校的高质量教材，要积极反映新时代中国人民的精神风貌，反映新时代中国实践的丰硕成果；要深刻反映中华民族的历史传统、文化底蕴和民族性格，符合中国语言特点和表达方式；要自觉坚定文化自信，持续巩固中华民族文化的主体性，坚守中华文化立场，充分体现中国特色、中国风格、中国气派。

四、坚持"五育"并举，体现党和国家对教育的基本要求，适应"中国速度"

新时代教材建设铸魂育人要与党和国家对教育的基本要求结合起来，其中关键在于坚持德智体美劳"五育"并举的马克思主义全面发展观。社会主义合格建设者和可靠接班人是党对"培养什么人"的本质规定，高职院校教材建设必须坚定不移地贯彻党和国家的意志，自觉坚持为人民服务、为中国共产党治国理政服务、为巩固和发展中国特色社会主义制度服务、为改革开放和社会主义现代化建设服务。要把培养担当民族复兴大任的时代新人作为教材建设的目标，把促进学生全面发展作为基本出发点，特别注重把劳动教育、创新创业教育等新使命融入教材建设要求。新时代高职院校教材建设要在育人理

---

① 习近平. 胸怀大局把握大势着眼大事 努力把宣传思想工作做得更好[N]. 人民日报，2013-08-21.

念、内容选材、体系编排、呈现方式等方面下功夫,把德智体美劳全面发展的要求贯穿教材工作的各个环节,以期更好地服务学生健康成长成才。在全面建设社会主义现代化国家新征程、向第二个百年奋斗目标迈进的关键时刻,以人为本、实现人的全面发展,是中国式现代化的坚定抉择,只有充分贯彻教材中渗透五育并举的全面发展理念,才能适应迈向现代化强国的"中国速度"。

五、引领价值选择,体现国家和民族基本价值观,擦亮"中国底色"

每个走向复兴的民族,都离不开价值追求的指引;每段砥砺奋进的征程,都必定有精神力量的支撑。任何社会都需要核心价值作为社会共识、共同追求和精神支柱。核心价值观是文化最深层的内核,决定着文化的性质和方向,体现着一个国家、一个民族的文化理想和精神高度。任何一种文化的生成、发展和沉淀,都取决于凝结和贯穿其中的核心价值观的生命力、引领力。作为凝聚全社会价值共识的社会主义核心价值观,与中华优秀传统文化相承接,与中国特色社会主义事业相契合,需要持续通过教材来承载和传播。当前,面对世界范围内各种思想文化交流交融交锋日趋激烈的新形势,面对整个社会思想价值观多元多样、复杂多变的新特点,新时代高职院校教材建设要坚持不懈地培育和弘扬社会主义核心价值观,全面加强中华优秀传统文化、革命传统文化和社会主义先进文化教育,为培育青年学生拥有民族自豪感提供基本价值引导;要用国家和民族核心价值观涵育新时代青年,使之继承和弘扬好以爱国主义为核心的民族精神和以改革创新为核心的时代精神,打牢中国底色,传承民族基因,有效促进核心价值观内化为人们的精神追求,外化为人们的自觉行动。

六、需要博采众长,体现人类文化知识积淀和创新成果,展现"中国智慧"

教材是传播新知识、新思想、新观念的重要载体。新时代高职院校教材建设必须立足中国、面向全球,反映世界科技新进展,吸收人类文明新成果,为培养具有前瞻思维、国际眼光的人才提供有力支撑。当下,全球交流日益密切与频繁,文明与文化的交融与冲突越来越多,文明与文化之间的对话尤为必要。我们需要努力实现立足中国与放眼世界的辩证统一,通过对话与交流达到"各美其美""美美与共"。在这一过程中,教材是重要的媒介与载体。习近平总书记2013年在莫斯科国际关系学院的演讲中指出:"人类生活在同一个地球村里,生活在历史和现实交汇的同一个时空里,越来越成为你中有我、我中有你的命运共同体。"① 人类命运共同体思想是习近平新时代中国特色社会主义思想的重要组成部分,新时代高职院校教材建设要及时将古今中外人类文明进程中的优秀成果作为教材编写的重要素材,让高质量的高职院校教材成为青年学生了解人类文明进步、培养全球视野、汲取人类知识精华与精神财富的重要渠道。

第四节 多维立体的评价支持系统

从上海推行"中国系列"课程引领课程思政改革试点到教育部出台《高等学校课程思政建设指导纲要》全面落实课程思政建设任务,课程思政成为高职院校课程改革的必然要求。同时,随着《深化新时代教育评价改革总体方案》对教育改革评价回归教育本质、回归教育规律、回归教育初心要求的强调,如何发挥评价的"牛鼻子"与"指挥棒"作用,从评价的角度助推课程思政改革,不断满足新时代课程建设的需要,引领课程思政科学发展值得探讨。

一、价值理性:高职院校课程思政评价的应然指向

德国社会学家韦伯提出的工具理性和价值理性一直影响着教育改革和发展的方向。工具理性是通过实践的途径确认工具(手段)的有用性,从而追求事物的最大功效,为人的某种功利的实现服务,是一种以工具崇拜和技术主义为生存目标的价值观。价值理性是有意识地对一个特定的行为——伦理的、美学的、宗教的或做其他阐释的——无条件的固有的纯粹信仰,不管是否取得成就。② 在人的实践活动中,工具理性注重手段、注重条件、注重形式、注重程序,价值理性注重目的、注重理想、注重内容、注重实质。工具理性强调结果和效益的最大化,而价值理性则强调行为背后真正的价值和含义,强调道德精

---

① 习近平.顺应时代前进潮流 促进世界和平发展[N].人民日报,2013-03-24.
② 徐青.价值理性的本真与建构[J].河南师范大学学报(哲学社会科学版),2017(04):91-95.

神领域的东西和对人的终极关怀。

为了满足短期内培养大量技术人才的需求,高职教育在很长一段时间内选择"实用主义""功利主义"的发展方向,课程教学以"够用"为原则越来越趋同于技术技能培训,学生对目的与价值的追求逐渐弱化,人才培养质量滞后于新时代高质量发展的需要。"培养什么样的人、怎样培养人、为谁培养人"的教育三问不得不让高职教育重新反思人才培养的价值和路径。早年蔡元培先生就提出大学的目的是"育人而非制器;是培养高级人才,而非制造高档器材"。人是有思想、有感情、有个性、有精神世界的;器是物,是没有灵魂的。如果仅仅是教授学生以知识,而未加以文化的熏陶、道德的感化,那么教学就会失去灵魂。因此,高职教育理应优先重视学生的"精神成人",考察其潜在的态度、情感、价值观和完善人格的形成状况,既注意衡量学生的技能水平,同时又要对学生的人文修养保持高度敏感,从而促进高职教育的课程教学更符合教育的必然逻辑。

在高职教育重新审视"工具理性"与"价值理性"的平衡中,"课程思政"这个熟悉而又陌生的概念应运而生。这个名词之所以熟悉,是因为它回归了教育的本质,找到了课程理应达到的教育目标,重拾了价值理性;这个名词之所以陌生,是它用一个新建立的名词在重申这种价值旨归。从它与"课程""思政"这两个词的关系看,课程思政的本质并非异化的"思政",而是一种面向所有课程的教育观、课程观,一种对"被忽视的""被遗忘的"课程价值的找寻和回归,落脚点在于还原该有的课程面貌。从这个逻辑上来理解课程思政的评价,我们就可以更为清晰地认识到,课程思政的评价对象是承载着"思政元素"的课程本身,并不是有一个独立存在的课程思政,是每一门课程"素质养成"方面目标的达成情况,是检验课程在"让学生成为有意义的人"的问题上是否做出合理的安排,是否取得良好的效果。同时,课程思政评价不是一个简单的技术测量过程,也是一种以把握课程的意义和价值为目的的认识活动。从对课程进行"思政元素"融入的二次开发到组织实施,课程思政评价本身起着价值导向和价值实现的作用。课程思政评价理应成为课程开发的逻辑起点。没有评价的引领就没有课程开发的合理性基础,更没有课程实施的有效性反馈。随着后现代课程观对课程的理解从既定的"跑道"发展为创生的"跑的过程",课程思政评价亦具有过程属性。从"课程思政应该做什么"到"课程思政实际上做了什么",以及两者之间吻合程度与课程思政效果的连续过程都是课程思政评价需要观照的内容。

二、高职院校课程思政评价的关键要素分析

（一）评价主体的多元性

高职院校课程思政评价主体就是"谁来评价"的问题。第一类评价主体是专家学者。有着深厚理论功底和丰富实践经验的专家学者是课程思政评价的权威群体，他们的关注点往往在于课程思政实施的科学性。专家学者是课程思政评价指标的制定者也是评价指标的解读者，他们的评价对课程思政具有引领功能。第二类评价主体是课程管理部门的行政人员。他们承担着课程思政建设规划、管理制度、质量考核等中观运行层面的职能。他们的关注点往往在于课程思政实施的可行性。课程管理部门的行政人员是课程思政评价指标的应用者，用于检测教师实施课程思政的质量，以便于在学校层面进行更加合理的课程管理、经验推广，全面提高课程思政建设水平。第三类评价主体是教师。教师群体包括同行评价与自我评价。他们是课程思政"最后一公里"的实践者，他们的关注点在于课程思政实施的合理性，通过评价对课程进行诊断，进而不断优化课程。教师是课程思政评价的神经末端，课程思政实施的起点到终点都需要教师进行自我控制。第四类评价主体是学生。学生作为课程思政的实施对象，理应成为课程思政是否真正发生作用的评判者，他们的关注点在于课程思政实施的有效性，也就是自身是否在情感、态度和价值观上有积极性认同和转变。

（二）评价客体的复杂性

高职院校课程思政的评价客体就是"评价什么"的问题。一是课程思政的属性决定了实施过程的复杂性。现在绝大多数专家学者将课程思政列为隐性思想政治教育的范畴，而隐性思政的特点在于"潜移默化"，追求的是"不言之教，无形而心成"。教育者通过含蓄的方式将潜藏的教育意图渗透到受教育者的价值观层面，引导受教育者自然而然地感受和体味，从而实现教育目标。越是课程思政融入得好的老师越能使整个教育过程"巧妙无痕"。所以，在实际授课过程中，即使同一个素材在不同教师的课堂实施也会产生截然不同的效果。对这种以隐性方式存在的评价客体捕捉和测量难度极大，很多对课程思政实施过程的评价目前只停留在"有没有"和"渗透得自然不自然"的角度，至于到底怎么样才算"好"很难形成统一的标准。二是课程思政的目标

决定了效果测量的复杂性。课程思政需要实现的是价值塑造维度的课程目标，无论是从定量的角度去测评价值塑造的"结果"（即学生理性认知的提升），还是从定性的角度去描述价值塑造的"水平"（即学生实践行为的改善），都是非常复杂而且极具难度的。目前对课程思政目标实现效果的评价多数只能停留在学生关于"喜不喜欢课程""认不认同观点""有没有学习动力"等方面的反馈，至于课程在其价值观方面有多少"增值"或"转变"涉足较少，因为这些需要跟踪到诸多价值观选择的场景中去衡量。

（三）评价导向的多维性

何为导向？导向就是引导的方向。评价导向就是要把课程思政评价引导到什么方向去，也就是价值表征的问题。在价值哲学的视野中，"人类的一切活动，都是为了发现价值、创造价值、实现价值和享用价值，而评价，就是人类发现价值、揭示价值的一种根本的方法"[①]。课程思政评价因其不只是对结果的评价，还是贯穿于从课程开发到实施过程的评价，因此其评价导向具有多维性。第一，评价是为了发现价值，即挖掘课程思政的育人潜力。课程思政的评价直接影响着教师对课程思政的理解，评价体系越科学、指标越明确，教师挖掘课程思政的方向越正确，也越能最大限度地发挥课程思政的育人功能。第二，评价是为了创造价值，即优化课程思政的输入模式。课程思政的评价应该是一个动态的闭环管理过程，类似PDCA循环。PDCA循环是一种持续改进的管理方法，分为计划（Plan）、实施（Do）、检查（Check）、行动（Act）4个阶段，呈现螺旋上升的态势。课程思政的评价也是持续诊断问题和改进提升的过程。课程思政的输入模式能够在"实施—评价—优化—再实施—再评价—再优化"的过程中得到不断完善，在评价引导下呈现出最佳状态。第三，评价是为了享用价值，即达成课程思政的育人目标。合理的评价体系和持续的跟踪评价可以帮助教师找到实现课程目标的路径，更加明晰课程思政的具体要求，从而达成课程思政目标，实现培养"完整的人"的教育使命。

三、全景观照：高职院校课程思政四维评价体系构建

国际教育成就评价协会（IEA）将课程划分为目标的、潜在实施的、实施

---

① 冯平.评价论[M].北京：东方出版社，1995：2.

的和习得的四个层面。①美国教育学家古德莱德将课程分为理想课程、文件课程、理解课程、运作课程和经验课程五个层次。②我国教育专家王烨晖和边玉芳把课程体系划分为目标课程、文本课程、实施课程和课程效果四个部分。③美国教育评价专家斯塔弗尔比姆提出的CIPP评价模式（也称改良导向评价模式）将课程评价分为背景评价（Context Evaluation）、输入评价（Input Evaluation）、过程评价（Process Evaluation）和结果评价（Product Evaluation）4个环节。④基于课程思政评价的复杂性，我们需要对课程思政实施的连续过程进行"切割"，从不同的层面对其进行客观评价，以求立体化地呈现课程思政的建设水平。课程的过程观决定着课程思政评价的过程观，课程思政的评价必然是针对系列学习活动中个体发展变化的全景式观照。过程性课程思政的评价要以既定的学习任务为观测点，既重视预设的学习结果，也关注溢出预定目标的过程性生成以及课程本身的真实样态，全息性地评判学生参与学习全过程的体验。⑤综合上述理论，立足课程思政自身的"持续改进"，可以尝试建构一个针对理想课程、文本课程、体验课程和习得课程四种课程呈现，贯穿输入到输出全过程的，由背景评价、输入评价、过程评价、结果评价四个维度构成的立体式评价体系。

（一）背景评价：从"理想课程"的角度评价课程思政实施的适切性

背景评价就是在特定的环境下评定教育对象的需要、问题、资源以及机会，是学校理想状态下的课程思政支持系统是否到位，是课程思政的目标设置能否具有切合性的前提。

（1）学校整体推进课程思政建设的政策和资源环境评估。高职院校需要根据国家、省、市层面教育政策文件的最新要求，进行具有本校特色的课程思政实施顶层设计和制度安排；组建专门开展课程思政教学实践和理论研究的机构和团队力量；对专业人才培养方案和课程标准提出课程思政的专门要求；

---

① 许祥云,王佳佳.高校课程思政综合评价指标体系构建——基于CIPP评价模式的理论框架[J].高校教育管理,2022(01):47-60.
② 谢翌,程雯,李亚培,等.基于学习体验的过程性课程评价[J].课程•教材•教法,2021(05):18-25.
③ 王烨晖,边玉芳.课程评价模型的理论建构与实证分析[J].教育学报,2015(05):80-85.
④ 穆葆慧,孙佳明.基于CIPP模型的高校"青马工程"育人能力评价指标体系研究[J].学校党建与思想教育,2021(06):59-61.
⑤ 许祥云,王佳佳.高校课程思政综合评价指标体系构建——基于CIPP评价模式的理论框架[J].高校教育管理,2022(01):47-60.

设置课程思政专项课题、教材、素材资源库等资源准备；给予课程思政建设专项经费支持。

（2）教师开展课程思政的教学胜任力情况评估。高职院校需要高度重视教师师德师风与课程思政实施的匹配度；关注教师的人文素养储备情况；全面了解教师对课程思政实施的内在接受度。

（3）对教育对象在本课程的特定阶段已经达到的认知和价值观水平以及存在的问题情况评估。高职院校需要全面了解学生当前的价值观现状；具体分析某一课程从课程思政角度解决的学生价值塑造问题，也就是课程思政的目标与满足学生发展和问题解决的契合度。

（二）输入评价：从"文本课程"的角度评价课程思政实施的合理性

输入评价是在背景评价的基础上，对达到思政课程目标所需要的资源、条件以及课程实施方案的优缺点做出的评价，其实质是对课程思政实施要素进行文本层面开发的合理性评估，即"文本课程"的合理性。"文本课程"是建立在"背景评价"基础上的课程开发，也是接下来开展"过程评价"的依据，"文本课程"直接关系到整个课程实施的要素输入。

（1）课程思政内容的选取与组织情况评估。高职院校的课程思政设计要与社会、学校、教师、家长的要求以及学生认知发展规律相契合；课程思政元素的选取要紧扣课程主题和内容，课程思政元素本身体现的价值导向鲜明且正确，情境设计符合隐性教育的特征；能够进行备选方案设计，确保方案实施达成教学目标。

（2）课程思政实施采用的教学方法和手段的设计评估。高职院校课程思政的实施过程需要重视教学方法的创新，通过启发式、案例式、问题导向式等教学方法体现学生的主体性参与；课程思政实施过程中要重视与信息技术的融合，体现一定的创新性和亲和力。

（3）课程思政点在考核环节的体现情况评估。高职院校课程思政考核内容的设计要能有效体现课程标准对学生价值塑造维度的要求，同时考虑价值塑造维度的考核占比合理性，不能喧宾夺主。

（4）主讲教师团队理解力和参与度评估。主讲教师需要具有较好的教科研能力，必须亲自参与并真正理解课程设计；主讲教师团队的每一位教师要具有良好的师德师风，有正确的价值取向。从目前课程思政建设的情况来看，很多课程思政示范项目的遴选其实质就是以"文本课程"为依据进行的质量评估,也就是在未接触具体的课程实施过程、站在"输入=输出"的假设下预估和证明课程思政建设的水平。

（三）过程评价：从"体验课程"的角度评价课程思政实施的精准性

过程评价是对教师与学生的表现以及教师在课程思政实施过程中是否进行了连续的监督、检查和反馈,也就是"体验课程"与"文本课程"之间的不断匹配、修正和改进。

（1）课程思政的实施与"文本课程"设计的一致性检验。主讲教师必须严格按照课程思政设计方案进行内容组织和教学方法应用,坚决杜绝"两张皮"现象；课程实施过程中及时反馈学生价值观现状,有效处理影响目标达成的障碍,精准达到预期教学效果。

（2）课程思政实施的适应性调整评估。教师能够根据学生表现有效调节课程思政实施的进度和节奏,及时应对课程思政实施过程中出现的新变化,机智地调整实施策略。

（3）课程思政实施时的学生状态评估。学生的主体性参与深度是判断课程思政实施是否精准的重要观察点。高职院校教师需要培养观察学生在学习课程思政内容时情绪变化的能力,及时评估学生参与教学实施过程的深度和热度。

（四）结果评价：从"习得课程"的角度评价课程思政实施的有效性

结果评价是对课程思政目标达到程度、方案实施结果、成效及影响所做的输出性成果评价,从学生"习得课程"的掌握程度来确定目标是否持续、修改或完善,也是课程思政评价形成闭环促进优化的重要环节。

（1）学生学习效果的输出情况评估。高职院校需要精心设计阶段性考核的内容,从小汇报、小论文、小操作等角度考察课程思政目标的达成情况,即学生认同课程思政映射的价值取向情况；此外,还可以从学生对教师教学实施过程的满意度以及学生对教师师德示范的认可度去判断学生对课程思政学习的认同感和获得感。

（2）教师教学任务的完成情况评估。高职院校教师需要掌握自我评估的能力,通过直接感受教学过程中师生互动表现判断课程思政目标达成效果；教师需要通过深度的教学反思提出课程思政的优化方案,主动改进课程设计与实施。

（3）第三方教学观察的评判。高职院校可以通过督导、专家、合作企业负责人参与课程思政实施结果评价,从观察记录和师生访谈中评价课程思政目标达成情况;同时,从学校宏观发展的角度评判课程思政实施的借鉴意义和推广价值,及时搜集优秀的课程思政案例,在互鉴互促中全面提升课程思政建设水平。

课程思政评价体系蕴含着对课程本身的理解,更蕴含着课程思政建设的价值取向。只有树立正确的课程观、评价观,才能使课程思政评价走向科学合理,才能真正发挥评价的导向作用,让课程成为兼顾工具价值和理性价值、兼顾实施与修正、兼顾教师与学生的"完整的课程"。[①]

第五节 生动鲜活的实践资源支持系统

马克思主义实践观认为,实践是认识的来源基础,实践又为认识的发展提供动力。无论是专业技能的培养,还是思想政治素养的提升,都离不开实践。建立实践资源支持系统,就是要开发和利用与专业人才培养相契合的校内外优质实践教学基地,搭建切实有效的实践项目,这是思政课程与课程思政协同育人的重要保障。2015年教育部印发的《关于深化职业教育教学改革全面提高人才培养质量的若干意见》中明确提出,高职院校要加强实践性教学,原则上实践性教学环节的学时数要占总课时的50%以上。实践教学(这里主要指第一课堂的实践教学,而非第二课堂活动)是对理论知识的验证和升华过程,其本身是高职院校的重要环节和主要特征。2021年全国"两会"期间,习近平总书记强调,思政课不仅应该在课堂上讲,也应该在社会生活中来讲。"大思政"我们要善用之,一定要跟现实结合起来。高职院校的思想政治教育场域也需要不断扩展,需要融入伟大的时代、鲜活的实践和生动的现实。2022年教育部等十部门印发《全面推进"大思政课"建设的工作方案》,从改革创新主渠道教学、善用社会大课堂、搭建大资源平台、构建大师资体系、拓展工作格局等方面提出具体举措。特别在善用社会大课堂方面,该《方案》提出要构建实践教学工作体系,落实思政课实践教学学时学分,组织开展多样化的实践教

[①] 陈洁瑾.高职院校课程思政评价体系的构建研究[J].现代商贸工业,2024(03):206-209.

学,建好用好实践教学基地。思政课程的实践教学改革受到广泛关注。

随着高职院校课程改革的不断深入,无论是思政课程还是专业课程,实践教学的课时比例稳步提升,实践教学的改革深度持续加大,实践基地的开发力度日益增强。实践教学是推进思政课程与课程思政协同的重要载体,充分发挥实践基地资源对思政课程与课程思政协同育人的支持作用不容忽视。高职院校需要充分挖掘政行企校思想政治教育资源,建设和整合校内外优质实践基地,一方面推动地方和企业思想政治教育资源的普及,提高资源利用效率,助力地方和企业优秀文化的传承;另一方面丰富思政课程与课程思政的实践平台,拓展思政课程和专业课程实践教学的场域,将生动鲜活的实践基地资源融入实践教学内容,实现共建共享。

2022年,为深入贯彻落实习近平总书记关于"大思政课"的重要指示批示精神,加快构建"大思政课"工作格局,教育部会同有关部门以现有基地(场馆)为基础分专题设立了453家"大思政课"实践教学基地。其中,会同科技部联合设立科学精神专题实践教学基地,会同工业和信息化部联合设立工业文化专题实践教学基地,会同生态环境部联合设立美丽中国专题实践教学基地,会同国家卫生健康委联合设立抗击疫情专题实践教学基地,会同国家文物局联合设立中华优秀传统文化、革命文化、社会主义先进文化专题实践教学基地,会同国家乡村振兴局联合设立脱贫攻坚、乡村振兴专题实践教学基地,会同中国关心下一代工作委员会联合设立党史新中国史教育专题实践教学基地。这些基地(场馆)不仅有丰富的思政元素,也有鲜活的专业元素;不仅有数字化的呈现方式,也有原生态的信息表达;不仅有翔实的故事和数据,也有丰富的感知和体验……

例如,在江苏省,教育部牵头设立的"大思政课"实践教学基地总共12个,其中在南京地区的有9个,南通、徐州、淮安各有1个,基地数量和辐射面现在还远远不能满足高职院校思想政治教育的需要,高职院校要根据自身特点进行"大思政课"实践教学基地的挖掘和建设。

表7-1　教育部牵头设立的"大思政课"实践教学基地(江苏省)

基地类别	基地名称			
科学精神专题实践教学基地	中国北极阁气象博物馆(南京)	红色李巷(江苏南京)	大金山国防园(南京)	

续表

基地类别	基地名称			
工业文化专题实践教学基地	永利化学工业公司铔厂（南京）	大生纱厂（江苏南通）		
美丽中国专题实践教学基地	无			
抗击疫情专题实践教学基地	江苏省人民医院（南京）	江苏省中医院（南京）		
中华优秀传统文化、革命文化、社会主义先进文化专题实践教学基地	雨花台烈士纪念馆（南京）	侵华日军南京大屠杀遇难同胞纪念馆（南京）	周恩来纪念馆（淮安）	淮海战役纪念馆（徐州）
脱贫攻坚、乡村振兴专题实践教学基地	江苏省中华农业文明博物馆（南京农业大学）			
党史新中国史教育专题实践教学基地	南京大金山国防园——大金山青少年党史国史教育基地（南京）	侵华日军南京大屠杀遇难同胞纪念馆（南京）	周恩来纪念馆（淮安）	

一、校地合作，挖掘地方精神文化资源

服务区域地方经济社会发展是高职院校的基本职能。高职院校理应参与地方优秀精神文化资源的挖掘与应用，将区域特色文化资源转化为思政课程与课程思政协同育人的素材和载体。每一个区域都有着各自的"文化宝藏"，地方宣传文化部门、教育行政部门可以通过统筹规划，与各级各类学校共同开发和建设好"家门口"的历史资源、红色资源和文化资源，建立"大思政课"实践教学联盟，挂牌市区级"大思政课"实践教学基地，设立常态化、规范化的实践教学场馆，与高职院校共建共享品牌化、特色化的实践教学课程。高职院校要积极推动地方文化资源的课程化建设，融入思政课程与课程思政的资源体系之中，活化资源利用形式。

以地处工商名城江苏无锡的高职院校为例，就可以围绕三个方面开展"大思政课"实践教学资源的校地合作。

第一，擦亮"红色名片"。习近平总书记在《求是》杂志上发表的《用好红

色资源,传承好红色基因,把红色江山世世代代传下去》文章指出:"革命博物馆、纪念馆、党史馆、烈士陵园等是党和国家红色基因库。"①学校可以深挖无锡红色资源富矿,与无锡市革命烈士陵园、新四军六师师部旧址纪念馆、陆定一祖居、秦邦宪故居、张闻天故居、王昆仑故居、薛暮桥故居、中国共产党无锡第一个支部诞生地、孙冶方故居纪念馆合作开发实践教学项目,开设"理论+实践"的"无锡红色文化"选修课,形成一系列师生同讲的精品课程,辐射大中小学思想政治教育;

第二,活化"工商文化"。无锡,作为中国民族工商业发祥地、乡镇企业"苏南模式"发轫地,有着区别于其他城市的气质,这种气质就是"工商文化"。一部无锡发展史,就是一部锡商奋斗史。"敢创人先、坚韧刚毅、崇德厚生、实业报国"的锡商精神既是历代锡商创业品质的凝炼,也是区域文化瑰宝,同样是感染激励着历代创业者的精神指南。"踏遍千山万水、吃尽千辛万苦、说尽千言万语、历经千难万险"的"四千四万"精神一直是无锡企业家砥砺前行的"精神火炬"。作为地方高职院校,需要把这种地方特有的精神文化与办学特色相结合,赓续"工商文化名城"基因,助力打造地方"工商文化"品牌。学校要积极融入中国民族工商业博物馆、中国乡镇企业博物馆、中国丝业博物馆、无锡窑群遗址博物馆、荣毅仁纪念馆、无锡民族工商业档案馆、锡商馆、工业博览园等场馆的建设和应用中,开设好"锡商文化"等地方特色课程,或将"工商文化"实践课程嵌入工商专业,形成具有鲜明地方特色的思政课程与课程思政协同育人载体。

第三,讲好"乡村故事"。无锡,作为一个GDP超万亿的城市,不仅有着令人羡慕的工商业,更有着令人神往的美丽乡村。无锡乡村不断推进创新性、引领性、探索性发展,始终走在全国前列,诸多"中国美丽乡村""中国特色村""中国最有魅力休闲乡村""全国休闲农业与乡村旅游示范村"各美其美,一大批生态宜居、环境优美、产业兴旺、和谐有序、"新江南人家"特色鲜明的村庄脱颖而出。无锡乡村的现代化发展就是国家现代化发展的缩影,应该成为最为鲜活的实践教学素材。学校可以充分利用周边村镇资源,进行实践教学设计。譬如,无锡商业职业技术学院西侧胡埭镇就是一个"宝藏村镇",其中每个村(社区)都独具特色,如"中共锡西支部诞生地"龙延村、"亮出状

---

① 习近平.用好红色资源,传承好红色基因,把红色江山代代传下去[J].求是,2021(10):4.

元IP"的富安村、"美丽桃乡"夏渎村、"9家智能制造公司上市"的胡埭镇工业园内陆藕路、"传承非遗吴歌"的马鞍村……这些乡村在建设过程中的产业发展、人物故事、文化元素、生态变化、组织力量，都可以有效支撑思政课程与课程思政协同育人的实践教学，为教学提供生动的案例。

二、校企联动，挖掘优秀行业企业资源

（一）行业企业有着极为丰富的思政资源

2022年，为深入贯彻落实习近平总书记关于"大思政课"的重要指示批示精神，加快构建"大思政课"工作格局，教育部联合有关部门公布首批453家"大思政课"实践教学基地。这些基地几乎涵盖了高职院校所对应的全部行业，是高职院校非常宝贵的思政课程与课程思政资源。事实上，我国长期以来高度重视保护传承和活化利用行业企业资源的文化功能和时代价值，高职院校需要全面了解行业企业文化建设动态，全方位掌握蕴藏其中的思想政治教育资源。

以工业行业为例，国务院国资委聚焦开发中央企业发展中积淀的丰富历史文化遗产、工业文化遗产和革命文化遗产，从2018年起，先后发布了"中国第一个核燃料元件厂"等12项核工业行业文化遗产，"鞍山制钢所1号高炉"等20项钢铁行业文化遗产，"汉口电报局"等20项信息通信行业文化遗产，"永利化学工业公司铔厂"等15项石油石化行业文化遗产，"第一拖拉机制造厂"等15项机械制造行业文化遗产，"焦作电厂"等25项电力行业文化遗产。2021年，工业和信息化部工业文化发展中心发布"福建省安溪茶厂有限公司工业文化研学实践教育基地""深圳珠宝博物馆有限公司工业文化研学实践教育基地"等9个工业文化研学实践教育基地。2022年，教育部办公厅、工业和信息化部办公厅联合设立59个工业文化专题实践教学基地，包括景泰蓝制作技艺保护传承基地"北京珐琅厂"、近代实业家张謇创办的"大生纱厂"（江苏）、"两弹一星"精神和"四个一切"核工业精神的重要发源地"中核四〇四有限公司"、炼出新中国第一炉铁水的"武钢一号高炉"、新中国电影的摇篮"长春电影制片厂"等一大批有着深厚文化历史底蕴的知名工业企业。这些见证中国工业化起步和进程的文化遗产，不仅蕴含着独特的产业基因和技术积累，更是承载着宝贵的工业文明和创新精神。

以商业行业为例，2006年，商务部发布了《"中华老字号"认定规范（试

行）》，并于2006年和2011年分两批认定1128家"中华老字号"，并以中华人民共和国商务部名义授予牌匾和证书。2023年，商务部、文化和旅游部、市场监管总局、国家知识产权局、国家文物局联合印发《中华老字号示范创建管理办法》，复核通过"庆丰（北京庆丰餐饮管理有限公司）""蜂花（上海制皂厂有限公司）""冰峰（西安冰峰饮料股份有限公司）"等1054家"中华老字号"。中华老字号是独特产品、精湛技艺、商业理念的世代传承，是蕴含深厚历史底蕴的民族品牌，是中华优秀传统文化的基因符号，是中华民族重要的历史文化遗产，也是宝贵的商业经济资源。

以农业行业为例，2012年，原农业部启动了中国重要农业文化遗产发掘工作。截至2023年，农业农村部已分七批认定了"福建尤溪联合梯田"等农田景观类农业文化遗产、"江苏兴化垛田传统农业系统"等复合系统类农业文化遗产、"江西万年稻作文化系统"农作物品种类农业文化遗产、"山东章丘大葱栽培系统"蔬菜与瓜类农业文化遗产、"福建福鼎白茶文化系统"茶叶类农业文化遗产、"江苏无锡阳山水蜜桃栽培系统"林果类农业文化遗产、"宁夏中宁枸杞种植系统"特产类农业文化遗产、"新疆吐鲁番坎儿井农业系统"农田灌溉类农业文化遗产、"内蒙古阿鲁科尔沁草原游牧系统"动物养殖类农业文化遗产等分布在全国31个省（区、市）的188项遗产，具有丰富的农业生物多样性、完善的传统知识技术体系和独特的农业生态景观，展示了中华民族灿烂悠久的农耕文明，是滋养建设农业强国的文化根脉和宝贵精神财富。

除此之外，2002年起，由中国企业联合会、中国企业家协会创建并组织的"全国企业文化优秀成果"评选表彰项目一直延续至今，累计评选出红豆集团、无锡地铁集团、无锡市华美电缆有限公司、五粮液集团、奇瑞集团、娃哈哈集团等千余家企业的优秀文化建设成果，在挖掘和培育我国企业文化建设、引领和支撑企业高质量发展发挥着重要作用，受到经济界、学术界和企业界的高度认可。

（二）将企业作为课程思政的"实践场域"

企业文化本身就是企业生存和发展的灵魂。据统计，中国具有国际影响力的企业和品牌，80%拥有自己的展示场所，10%拥有相当规模的企业博物馆或展示馆，3%的企业自建馆能够进入商业运营。TCL电视博物馆、七匹狼中国男装博物馆、口子窖文化博物馆、青岛啤酒博物馆、云南白药博物馆……这些诉说着企业过去、现在和未来的企业博物馆是企业文化的基因宝库。高职院校的优质合作企业不仅可以提供较为前沿的专业资源,也能提供较为鲜活的文化资源,成为思政课程与课程思政协同不可替代的"实践场域"。首先,高职院校在开展校企合作时,要将"企业文化"作为遴选合作的重要标准,注重合作企业文化与校园文化的"同向兼容",具有优秀文化的企业能够有效助力高职院校的立德树人。其次,高职院校和合作企业都要站在"立德树人"的角度确立人才培养目标,以专业技能实训为载体,以职业道德、创新发展、文化传承等思想政治元素为衔接点,系统设计企业参与育人过程的基本内容和具体路径。再者,高职院校要与合作企业共同挖掘、筛选、开发、利用思想政治教育资源,充分利用行业博物馆、企业精神和文化展厅、蕴含优秀文化的建筑物以及生产技术车间、先进模范人物等开展实践教学,将校企合作的内容从单一的技术技能传授拓展到更为宽广的精神文化领域,探索把思政课程与课程思政的协同育人落实在合作企业实践教学基地的方式方法,努力与合作企业打造思想政治教育品牌。最后,高职院校要在长期合作的优质企业挂牌"大思政课"实践教学基地,强化合作企业的育人使命,固化校企合作育人品牌,推动思想政治教育与技术技能学习的相互融合,努力达成"德技并修"的育人目标。

三、自我沉淀,建设校本化的实践资源

每一所学校在发展过程中都积淀着各自的精神风貌和价值体系,都有着独一无二的文化气质和历史底蕴,校史馆、档案馆、文化长廊、艺术景观等作为文化符号存在的显性成果都蕴藏着丰富的思想政治教育元素,能为高职院校思政课程与课程思政协同提供独特的实践资源。

2011年国家文物局、教育部《关于加强高校博物馆建设与发展的通知》明确指出:"高校博物馆具有鲜明特色,是现代教育体系和博物馆事业的重要组成部分,是探索和实践新型人才培养模式、实现高等教育现代化的重要机构,是开展探究式学习、参与式教学、实践教学的适宜场所,是开展原创科研的重要基地,也是构建公共文化服务体系,建设和谐社会的一支重要力量。""高水平高校博物馆是大学深厚学术和文化积淀的重要标志,是优秀大学的重要标志。"从北京大学"红楼"、东南大学"梅庵",到南京农业大学"中华农业文明博物馆"、哈尔滨工业大学"博物馆",目前已经有300多所高校先后建立以博物馆为代表的校本化思想政治教育资源。2012年5月,全国高校博物馆育人

联盟在上海交通大学成立,高校博物馆在人才培养、科学研究、社会服务和文化传承创新等方面的功能得到高度重视和充分利用。相比而言,高职院校由于办学时间较短,校本化思想政治教育资源挖掘较晚,在近二十年的内涵式转型发展过程中逐渐关注自身文化沉淀。高职院校根据自身的办学特点,普遍将行业特色融入校园专题博物馆建设,一方面体现专业人才培养服务于某一行业的教育使命,另一方面让专业实践教学烙下行业文化的印记。对于高职院校来说,汇聚行业文化的专题博物馆的建设可以有效提升专业文化的层次和深度。如甘肃工业职业技术学院"地质博物馆"、贵州水利水电职业技术学院"水电工匠精神展示馆"、武汉船舶职业技术学院"舰船与航海博物馆"、南京旅游职业学院"酒店博物馆"、南京工业职业技术学院"黄炎培纪念馆"、江苏建筑职业技术学院的"建筑技术馆"、江苏农林职业技术学院"农耕文化馆"、无锡商业职业技术学院"商文化研习馆""吴地江南饮食文化博物馆"等等,都是高职院校校本化思想政治资源开发的成功样本。

高职院校校本化实践资源的开发是思政课程与课程思政协同育人的重要支撑。实践教学资源的生动性、思想性直接关系课程育人的吸引力和实效性。高职院校要重点关注以专题博物馆为代表的具有本校特征的思想政治资源开发。首先,要体现资源与学校主导的人才培养专业的匹配性,形成服务于"骨干专业"的积极的文化环境,兼顾思想政治教育和专业教育的实践资源需要进行"精品化"打造,使之成为行业公认、地方共享的"文化富矿",不能因为求"全面"而失去"特色";第二,要体现资源与学校历史文化的延续性,从历史的视野传承和发展校园文化,将在学校发展过程中具有里程碑意义的建筑、人物、事件有意识地进行保护和记录,彰显思想政治资源的厚度,不能因为求"创新"而失去"深度";第三,要体现资源与公共空间走向的逻辑性,能够从整体上对学校公共空间进行规划和设计,形成有主线、有版块、有层次的实践资源体系,体现实践教学内容的有序性,不能因为求"多点位"而失去"秩序感"。

高职院校校本化实践资源的有效利用可以提高思政课程与课程思政协同育人效果。实践资源必须成为课程育人的一部分,从课程整体设计的角度,将其科学融入课程教学的实践环节,而不是简单地、独立地开展一次实践活动。以无锡商业职业技术学院为例,在市场营销类专业"商贸文化"课程中嵌入"商文化研习馆"实践教学环节,就是思政课程与课程思政在实践教学过程中实现协同育人的典型案例,其融合的时机、融合的形式、融合的内容都恰到好处。在新生"开学第一课"期间,学校思政课程团队与"导游业务"课程组联合开发了以景观文化和道路文化为主题的"印象商院——行走的思政课"系列微课,成为思政课程与课程思政协同育人的经典之作。当专业教师、思政教师以及学生变身"校园文化的导览者",详细解读平日里熟悉的勤学广场、清风廊、尚湖、梅林、创业井、成蹊园,每天走过的崇德路、弘远路、厚德路、桃蹊路、修远路、至善路,一花一草、一石一廊、一路一园变得灵动而多彩。这些蕴含着校园故事的具象化的"器物",成为思政课程与课程思政协同育人有声有色、有滋有味的实践教学资源。

第六节　开放多样的数字生态支持系统

世界经济论坛创始人兼执行主席克劳斯·施瓦布在他的著作《第四次工业革命》中写道:"这是一场以智能制造为主导的全新技术革命,第四次工业革命通过信息系统和数字技术的指数级扩展,具备了颠覆性变革的特征。"在第四次工业革命的背景下,众多行业已经开始了数字化转型,云计算、物联网、大数据和人工智能等新兴技术也正深刻改变着教育治理和教学场景。《中国教育现代化2035》明确提出"推进教育治理体系和治理能力现代化",数字技术之于教育治理现代化、教育现代化具有革命性影响。2023年世界数字教育大会上,教育部部长怀进鹏发表《数字变革与教育未来》主旨演讲时强调要"强化数据赋能,提升教书育人效力"。要通过数字化赋能更好地推动教学评价科学化、个性化,推动教育教学模式和测评方式的创新,推动教育治理高效化、精准化。思政课程与课程思政的协同育人,作为当前思想政治教育领域中的重要课题,也可以通过数字化转型来破解一些难题。

一、数字化组织:跨界融合的虚拟教研室

教研室是高职院校按专业或课程设置的基层教学组织,在规范教学行为、深化教学改革、提高教学质量、反馈教学评价等方面发挥着不可替代的作用。"思政课程与课程思政"如何协同?既然课程是载体,那么教师就需要在教研室层面通过常态化的教科研活动去进行理论与实践探索。1990年,在《学术

反思——教授工作的重点领域》一书中，博耶（Ernest Boyer）首次提出教学学术的理念，阐述了发现学术、整合学术、引用学术和教学学术。"学"有学问、学识和学理的意义，"术"的本意为技术、技能和应用，教学学术意指以教学活动和教学过程为对象、以提高教师教学水平为目的，深入研究教学特点与规律的一种科学研究。① 在"智能+"时代，专业教师与思政教师可以引入人工智能领域的群体智能理念，依托现代信息技术，创新基层教学组织形式，在云端构建跨学院、跨专业甚至是跨学校、跨地区的"思政课程与课程思政"协同虚拟教研室，从而破解课程育人工作中教师因物理空间、专业课程、行政归属受限导致的智力资源整合困难，担负起教学学术研究的重要使命。

虚拟教研室是在以课程为单位，以解决"思政课程与课程思政"协同问题为导向开展的无界化合作机构。在课程负责人的引导下，用更为开放、灵活的方式进行目标明确的教研活动。将某一专业领域的教师和思政课教师进行灵活组合，为完成共同的"思政课程与课程思政"协同愿景开展主动协同。虚拟教研室可以通过云端组织教师研究最新教育政策，明确课程的内容体系以及课程建设的基本目标；对教师进行专题化培训并研讨共同参与的教改方案，形成具体的教学设计；共同研究新型教材对课程思政融入的要求，建设与教材相协同的知识图谱、教学视频、VR展示、电子课件、教学案例等优质教学资源库；充分运用现代信息技术推进教学评价改革，完善立体化的教学评价机制；发挥云端优势，建立课程育人成果展示平台和经验交流平台。

二、数字化平台：基于知识图谱"思政课程与课程思政"素材资源库建设

随着大数据与人工智能技术的飞速发展，自2012年起，Google公司提出的"知识图谱（Knowledge Graph）"应用得到不断深化，成为大数据时代最重要的知识表示形式。在信息技术以及认知科学的推动下，通过构建知识图谱来推动思政课程与课程思政教学资源的融合成为可能。"思政课教师找不到与专业的契合点，专业课教师找不到与思政的契合点"的素材提取问题可以得到有效解决。

---

① 李志河,忻慧敏,王孙禺,等.教学学术的学术本质及其发展路径[J].现代教育管理,2020(06)：69-76.

根据教育部《高等学校课程思政建设指导纲要》的相关要求，"思政课程与课程思政"素材资源库需要结合最新的高职专科专业目录所划分的农林牧渔、资源环境、能源材料、土木建筑、水利水电、机械制造、生物化工、轻工纺织、食品药品、交通运输、电子信息、医药卫生、财经商贸、旅游、文化艺术、新闻传播、教育体育、公安司法、公管服务等19个专业大类，需要与课程思政着重建设的中国特色社会主义和中国梦教育、社会主义核心价值观教育、法治教育、劳动教育、心理健康教育、中华优秀传统文化教育、职业理想和职业道德教育等版块进行全面链接。将知识图谱用于"思政课程与课程思政"知识体系的表达，能够体现"思政+专业"知识素材的定义、结构和层级之间的多维关系，并且支持知识体系的可视化呈现，从而把原本抽象的知识链接变成"看得见"的体系结构。将知识图谱用于"思政课程与课程思政"素材资源库建设，使榜样故事、民族文化、科技前沿、社会特点等各种素材资源的颗粒与知识点形成关联，建成庞大的语料库。同时，依托知识图谱能够不断规范和优化素材资源的颗粒度，实现对于素材资源的智能分析和有效利用。将素材资源的内容与知识点以及相互之间的逻辑关系进行紧密绑定，使所有教学资源具备智能推演的基础，从而构建数字化的教学生态。教师可以直观地了解每个知识点在整个专业知识和价值观体系中的位置，全面立体地构建专业知识和价值观体系的层次结构，便于科学合理地搭建符合"思政课程与课程思政"协同要求的各类课程。

三、数字化场景：虚拟仿真与增强现实实践场景的应用

2019年，国务院《关于深化新时代学校思想政治理论课改革创新的若干意见》（以下简称《若干意见》）提出要"将思政课学习实践情况等作为重要内容纳入综合素质评价体系"，要"推动人工智能等现代信息技术在思政课教学中应用，建设一批国家级虚拟仿真思政课体验教学中心"。2022年，工信部联合教育部等五部门发布《虚拟现实与行业应用融合发展行动计划（2022—2026年）》，提出要加快"虚拟现实+教育培训"等应用场景的落地，要"在中小学校、高等教育、职业学校建设一批虚拟现实课堂、教研室、实验室与虚拟仿真实训基地，面向实验性与联想性教学内容，开发一批基于教学大纲的虚拟现实数字课程，强化学员与各类虚拟物品、复杂现象与抽象概念的互动实操，推动教学模式向自主体验升级，打造支持自主探究、协作学习的沉浸式新课堂。服

务国家重大战略,推进'虚拟仿真实验教学2.0',支持建设一批虚拟仿真实验实训重点项目,加快培养紧缺人才"。虚拟仿真技术的应用为高职院校思政课程与课程思政的协同提供了新的实践场景,使课程育人的协同样态更加丰富、更加灵活。

所谓虚拟仿真或虚拟现实(VR),就是虚拟和现实相互结合。虚拟现实技术就是利用计算机科学和行为界面,在虚拟世界中模拟3D实体之间实时交互的行为,让用户通过感知运动通道以一种伪自然的方式沉浸其中。这种技术可以非常逼真地再现现实生活的元素,让用户获得"身临其境"的体验。所谓增强现实(AR),也被称之为混合现实。增强现实(AR)技术是一种将虚拟信息与真实世界巧妙融合的技术,将计算机生成的文字、图像、三维模型、音乐、视频等虚拟信息模拟仿真后,应用到真实世界中,两种信息互为补充,从而实现对真实世界的"增强"。近年来,随着教育数字化的加速发展,高职院校陆续借助虚拟仿真、增强现实等新型数字技术,紧密对接专业培养和思政教学的需要,构建出基于真实岗位情境、基于真实社会实践的虚拟仿真实践条件。学生可以"开"着无人车进入矿山、深井及有毒有害等危险复杂环境中作业;"穿越"到千里之外的酿酒企业,揭秘酿酒制作工艺的神奇;"深入"医院临床场景,按照规范步骤开展治疗、抢救或护理工作;"走"进历史人物的生活场景,和他们来一场跨越时空的对话;"身处"战火纷飞的年代,爬雪山、过草地,亲历惊天动地的革命壮举。这些数字技术实现了诸多"高投入、高难度、高风险及难实施、难观摩、难再现"的场景应用。

思政课程与课程思政的协同需要实践资源的支持,虚拟仿真等数字技术生成的实践资源为课程育人协同提供了新颖的呈现方式。虚拟仿真实训室主要由软硬件构成,硬件包括计算机、传感器、专业控制器、虚拟三维投影显示器、立体眼镜等,是构建虚拟仿真环境的基本前提;软件包括涵盖不同行业、不同岗位、不同角色实训要求的互动系统以及能够全程采集学生学习状态的教学管理系统。由于虚拟仿真实训室的硬件条件极为相似,所以学校可以统筹各专业培养和思政课程需要建设共享型实训室。在虚拟仿真实训室,要实现思政课程与课程思政的高质量协同,专业元素与思政元素相互渗透,必须在软件资源的开发上做整体设计,将协同育人的链接点以可视化、互动化的方式进行呈现。比如,在专业技术类实践操作场景融入"思政情境"考验价值观选择,在互动环节融入与岗位模范的对话传递榜样力量;在思政类实践场景融入与专业有关的"人物故事"建立专业自信。虚拟仿真软件如果开放性强,接受教师对呈现内容进行个性化编辑,随时增加互动环节,添加思政元素或专业情境,那么思政课程与课程思政的协同在教学设计和教学实施环节将变得更加灵活。

从应用于思政课程和专业课程教学场景的效果看,目前虚拟仿真技术优势比较明显。第一,虚拟仿真技术能够使学生参与到实践教学中无法复原的岗位环境和思政情境中,超越实践和空间的界限,能够使得思政课程与课程思政的协同平台便捷而高效;第二,虚拟仿真技术能够通过沉浸式教学,灵活设计教学内容和互动过程,有效帮助学生激发学习兴趣,掌握知识技能和增强情感认同,使得思政课程与课程思政的协同过程自然而深刻;第三,虚拟仿真系统能够通过动态追踪,全过程监测和记录学生的学习轨迹,通过分析后台数据生成个性化"数字画像",能够使得思政课程与课程思政的协同评价精准而全面。

"大智物移云"时代,高职院校要紧跟时代发展,不断提高数字技术赋能人才培养的能力,特别是加快数字化实践教学资源和平台建设,努力拓展实践教学内容的广度和深度、延伸实践教学的时间和空间,依靠技术的力量解锁思政课程与课程思政协同的新方式,推进课程育人的转型升级。

第八章　经典案例:"思政+专业"双向奔赴中的教学改革

　　好的思想政治工作应该像盐,但不能光吃盐,最好的方式是将盐溶解到各种食物中自然而然吸收。

——习近平总书记在全国高校思想政治工作会议上的讲话(2016年)

第一节 "奔跑"中的"思政课程与课程思政协同"

思政课程与课程思政协同的实施场域都在"课程"。对课程隐喻的理解和认知直接关系到课程协同的价值定位和组织实施。众所周知,"课程"一词来源于拉丁语"currere",最初隐喻就是"跑道"(race-course),意思是给学习者设计不同的学习内容,也指"学习的过程"。斯宾塞在《什么知识最有价值》一文中,最早使用词源为名词"跑道"的"curriculum",使课程表述为静态的、外在于学习者的"教学内容的组织系统"或组织起来的教育内容。[1]作为"跑道"的课程隐喻主要是从静态的角度审视课程的内涵,认为课程是一种客观存在的知识经验的汇编。博比特在《课程》一书中,根据课程的"跑道"隐喻将课程定义为"是行为和经验的跑道,通过这一跑道,儿童变为他们应然的、能在成人社会获得成功的成人"[2]。泰勒的经典课程开发模式"目标模式",也是"跑道"隐喻观照下构建的课程理论,在教育史上影响极其深远。"跑道"隐喻的课程主要特征有:第一,课程是静态的、标准化的知识文本;第二,课程是预设的、不偏不倚的目标达成;第三,课程是外在于个体发展、与主观参与无关的既定知识,课程实践关注的重点在课程层面。

虽然"跑道"隐喻的课程理论在很长一段时间对教育实践发生着积极作用,但其"静态"观点的局限性日益显现,"奔跑"隐喻的课程理论应运而生。"课程即奔跑"的观点提出可以追溯到杜威的"活动课程",他认为"课程是儿童活动过程中所经历的经验的总和"。显然,杜威对课程重心的把握已经从"预设的静态经验"转变为"活动过程的动态经验生成过程"。随后,20世纪70年代的派纳和格鲁梅特等人基于怀特海的过程哲学和复杂性系统理论与耗散理论提出"currere"的概念,课程隐喻为"跑道上跑"的动态过程。[3]当然,"奔跑"隐喻的课程理解并没有完全否定课程作为静态知识经验存在的属性,其在强调课程实践知识传递功能的同时,也在关注师生生命意义的建构。"跑

---

[1] 郝文武.教育哲学[M].北京:人民教育出版社,2006:212.
[2] 彭彩霞.解读"课程":从既定的跑道到权力的竞技场[J].当代教育科学,2010(5):24-26.
[3] [美]多尔,[澳]高夫.课程愿景[M].张文军,等译.北京:教育科学出版社,2004:48.

道"是"课程生态系统"的一个要素,是"奔跑"意义建构的"材料"。"奔跑"隐喻的课程特征有:第一,课程是动态的、生成性的活动;第二,课程中呈现共生型师生关系,师生同为课程主体;第三,课程与个体发展的关系重心是实现学习者在课程实践中的主动构建。思政课程与课程思政的协同在"奔跑"隐喻关照下的课程理论引领下,能够充分发挥课程的生成性功能,有效实现思政与专业的动态结合、师生价值观与知识技能的碰撞激荡,在和谐共生的新型师生关系中实现铸魂育人使命。

第二节 分众化:"思政明线+专业暗线"的思政课程教学设计

"分众"原来是一个传播学领域的术语,世界著名未来学家托夫勒在《权力的转移》中预测新闻传播的发展趋势时提出"从整体而广泛的传播优化到分众化传播",在分众化传播的过程中将不同的新闻信息及重点传递到具有不同兴趣和利益需求的群体。"分众"顾名思义就是在某一领域内对受众进行划分。"分众化"是一种精准把握受众差异性的思维方式。思想政治教育是一种特殊的信息传播活动。思政课程与课程思政的协同育人也可以在精准分析授课对象的基础上,开展分众化教学,以达到提升思想政治教育的亲和力和针对性的要求。

高职院校的人才培养都是以"专业人才培养方案"为依据的,无论是思政课程还是承载着课程思政的其他课程都是实现专业人才培养方案目标的课程载体。就思政课程而言,虽然国家有着统一的"马工程"教材,有着统一的内容框架,有着统一的备课要求,但是还必须对接专业人才培养进行个性化"定制"。高职院校可以在教研室集体备课的基础上,尝试根据专业大类进行小组化的二次备课,让思政课程渗透"专业情怀",帮助学生在提升思想政治素养的同时增强专业自信,将国家发展与个人职业志向紧密结合。

案例1：解青春之惑 叩问人生基本问题

课程基本情况

课程名称：思想道德与法治

授课内容：人生观是对人生的总看法

单元课时：2课时

教学对象：视觉传达设计专业一年级学生

教材选用：《思想道德与法治》（高等教育出版社，2023年版）

教学目标

通过经典理论解读与岗位相关的人物故事讲述，帮助学生理解关于人的本质和人生观的主要内容；掌握人与社会的辩证关系，为树立正确的人生观和世界观打下坚实的理论基础；能运用人生观的基本理论去分析实际问题；理解人生观与世界观、价值观的关系；引导新时代青年学生结合未来岗位特点，将个人抱负与国家发展有机统一，树立服务人民、奉献社会的高尚人生追求。

教学重难点

（1）教学重点：人生观的主要内容；马克思关于人的本质的科学内涵

（2）教学难点：个人与社会的辩证关系

教学方法（策略）

任务驱动法、案例教学法、情境教学法

专业暗线

（1）利用学生的艺术特长和感性思维特点，教师通过"图说思政"引入知识点，学生通过"思政图说"完成自我认知的建构；

（2）讲述新中国形象设计师周令钊以及地方非遗传承人、中国工艺美术大师喻湘莲等与专业相关的人物故事，巧妙地渗透专业元素，提高专业自信和职业责任感。

教学过程设计(思路和要点)

课前准备

教学内容	教师活动	学生活动	专业暗线
明确目标 (1)人的本质; (2)人生观的主要内容; (3)人生观与世界观、价值观。	(1)了解和分析学生学情; (2)学生4~5人一组,分别完成不同的实践任务:"人生目的"微采访、"生命的最后时刻"微讨论、"图说人与社会"微摄影、"青春在线"微公益	(1)完成学习通平台教学资源相关任务点; (2)以小组为单位完成相应的实践任务,同一个任务由2组学生参与,形成互补或对比	准备"图说思政"素材,将感性思维与理性思维相结合

课中实施

教学内容	教师活动	学生活动	专业暗线
导出任务 人的本质	(1)谜语:"斯芬克斯之谜"(展示斯芬克斯图片); (2)人生三问:我是谁？我从哪里来？我要到哪里去？	(1)通过谜语,开启对人的思考; (2)初步思考人生三问	引导学生挖掘和思考艺术作品背后的意义
问题链探究 探讨人的本质	(1)问题:用一句话定义"人是什么"(小组讨论);层层剖析:人是自然存在物—人是类存在物—人是社会存在物—人是社会关系的总和。 (2)问题:人所处社会关系是怎样的？(画图描述) (3)问题:假如我们离开社会,会变成什么样？ (4)辩论:"狼孩"是人吗？ (5)对人的本质进行分析小结	(1)参与课堂讨论:谈谈对人的认识,理解人的本质; (2)画图描述自己所处的社会关系网络; (3)思考回答:我们能否脱离社会生活？ (4)分析讨论案例; (5)探究人的本质	画图描述自己所处的社会关系网络,学习用图表建立逻辑思维
互动研讨 探讨人与社会的辩证关系	(1)组织分享"图说人与社会"微摄影作品; (2)引导学生思考人与社会的辩证关系; (3)对人与社会关系进行小结	(1)小组分享:"图说人与社会"微作品;对人与社会关系进行阐释; (2)理性思考人与社会的关系	图说思政,感性思维与理性思维相结合,进一步理解艺术作品的思想性

续表

教学内容	教师活动	学生活动	专业暗线
案例分析 探讨人生观的主要内容	(1)对课前布置的"生命的最后时刻"微讨论进行分析,引导学生思考人生和人生观; (2)讲述周令钊(新中国形象设计师)、喻湘莲(中国工艺美术大师,特聘教授)的故事; (3)总结思考人生观主要内容	(1)分享"生命的最后时刻"的活动感受,思考人生和人生观; (2)思考分析案例; (3)深入思考人生观的主要内容	通过艺术大师人物故事深化对理论的认同,增强专业自信和职业使命感
剖析要点 深入理解人生目的在人生观的核心地位	(1)分享"人生目的"微采访,引出人生目的是人生观核心; (2)案例分析:让-弗朗索瓦·米勒的作品与人生观。法国刚刚经历工业革命,米勒俯下身关注那些被时代抛弃的农民,认认真真地描绘平凡的人和平凡的生活,他的画作真实地反映了法国19世纪40年代到60年代农村的生活图景; 结合艺术大师案例,引导学生对人生目的在人生观中的核心地位进行思考; (3)总结人生目的的核心地位	(1)分享关于人生目的的采访视频; (2)分析探讨艺术大师的案例;深刻认识人生目的决定人生道路、人生目的决定人生态度、人生目的决定人生价值选择; (3)深入思考人生目的在人生观中的核心地位	与专业相结合,思考人生目的,树立职业理想
体行践悟 探讨人生观、世界观和价值观	(1)学生展示"青春在线"微公益,分享对公益活动的认识,梳理对人生观、世界观和价值观的理解; (2)指导学生用图来表达人生观、世界观和价值观的逻辑关系	(1)课堂汇报"青春在线"微公益; (2)学生互相点评,深化对人生观、世界观、价值观的理解; (3)完成人生观、世界观和价值观逻辑图	结合自己的专业开展公益活动,增强专业自信,树立正确的人生观
总结凝练	(1)马克思主义关于人的本质以及人与社会辩证关系的认识,是处理人生问题的基本理论依据; (2)人生观就是关于人生目的、人生态度、人生价值等问题的总观点和总看法。人生目的是人生观的核心; (3)新时代青年学生应树立服务人民、奉献社会的高尚人生追求	对人生的基本问题进行深入思考	树立正确的职业理想和人生目标,激发专业学习信心和动力

课后拓展

教学内容	教师活动	学生活动	专业暗线
拓展提升（必做）	（1）布置学生完成学习通平台上的课后讨论；（2）以小组为单位完成主题为"我"的绘画作品	（1）完成课后讨论；（2）完成自画像	运用专业特长完成自我认知的艺术设计。图说思政，通过作品输出强化对经典理论的理解
扩展阅读（选做）	推荐阅读经典著作	阅读：（1）马克思：《青年在选择职业时的考虑》；（2）《习近平的七年知青岁月》	

教学评价

在教学过程中坚持完成度与参与度相统一,过程性评价与结果性评价相结合,即时性评价与跟踪性评价相融通的评价维度,以教学目标达成度为首要标准,以主题任务的完成度为重要指标,以情感价值认同度为素质目标,综合考察、评价学生学习效果。

案例2：让中国精神照亮逐梦征程

课程基本情况

课程名称：思想道德与法治

授课内容：中国精神是兴国强国之魂

单元课时：2课时

教学对象：生态环境保护专业一年级学生

授课形式：线上线下混合式教学

教材选用：《思想道德与法治》（高等教育出版社,2023年版）

教学目标

通过与本专业相关的人物故事讲述,帮助学生理解中华民族崇尚精神的优秀传统；理解中国精神的丰富内涵；正确认识中国共产党是中国精神的忠实继承者和坚定弘扬者；深刻认识中国精神的时代价值。引导学生能够理论与实践相结合,积极弘扬中国精神,能够结合自己专业投身"微宣讲"；激发学生为实现中国梦而努力拼搏、贡献力量,用实际行动展现出弘扬中国精神的青春风采。通过任务驱动,培养学生自主发现问题、探究问题、解决问题的能力。

教学重难点

(1)教学重点:中国精神的丰富内涵

(2)教学难点:中国精神的时代价值

教学方法(策略)

任务驱动法、案例教学法、情境教学法

专业暗线

根据学生的专业特点,以"黄河故事"为纽带,与"环境保护""生态文明"巧妙结合,引导学生代入未来的职业,紧密联系"古运河"发展,理解和践行"中国精神"。

教学过程设计(思路和要点)

课前准备

教学内容	教师活动	学生活动	专业暗线
明确目标 理解并弘扬中国精神	(1)把握课程基本知识脉络; (2)公布微讲解主题; (3)发布讲解员的任务及要求:以小组为单位撰写讲解稿,推荐讲解员	(1)学习平台课程知识,进行课前教学检测; (2)提前搜集黄河文化相关资源; (3)挑选主题,撰写微讲解稿,准备现场讲解; (4)组织黄河大合唱诗朗诵	结合所学专业,从不同的角度认识黄河,隐含对生态环境重要性的强化

课中实施

教学内容	教师活动	学生活动	专业暗线
导出任务 以"黄河"为引,导入中国精神的话题	(1)人无精神则不立,国无精神则不强。精神是一个民族赖以长久生存的灵魂,唯有精神上达到一定高度,这个民族才能在历史的洪流中屹立不倒、奋勇向前; (2)VR参观:"伟大的黄河"专题实景; (3)提出问题:中华民族5 000多年生生不息的答案是什么	(1)宏观上对精神的概念有一个初步的认识; (2)思考问题,认识到精神的力量,认识到中国自古以来有崇尚精神的传统,这是中华民族生生不息的答案之一	感受黄河的磅礴气势和深厚文化,保持对以黄河为代表的自然资源的敬畏与热爱

续表

教学内容	教师活动	学生活动	专业暗线
探究问题 崇尚精神是中华民族的优秀传统	（1）互动游戏：以黄河为主题词，体会诗词里的中国精神； （2）总结凝练：崇尚精神的优秀传统表现在对物质生活与精神生活相互关系的独到理解上，表现在对理想的不懈追求上、表现为对品格养成的重视	（1）参与游戏，在九曲黄河绵延出的传统文化中感受崇尚精神是中华民族的优秀传统； （2）思考问题，认识到"精神的作用"	在课堂中融入"第二个结合"，把理论和中华优秀传统文化相结合，探寻黄河文化，传承黄河精神
剖析要点 中国精神的丰富内涵	（1）邀请学生小组进行"《黄河大合唱》背后的故事"微讲解； （2）组织点评微讲解； （3）视频案例：《黄河大合唱》首演的小故事，八十多年后，不同时代的演绎者齐聚一堂，再度唱响《黄河大合唱》。磅礴大气的民族乐章加上演绎者分享的年代故事，学生可以迅速感到中国精神凝集的力量； （4）提出问题：思考黄河大合唱，为什么能震撼人心，让人忍不住共同"怒吼"呢？ （5）总结分析中国精神体现出的丰富内涵	（1）呈现提前准备的黄河大合唱齐唱； （2）组织学生进行"《黄河大合唱》背后的故事"微讲解； （3）分组讨论：进一步理解中国精神中所蕴含的伟大创造精神、伟大奋斗精神、伟大团结精神、伟大梦想精神	沉浸式参与关于黄河的故事讲解、欣赏以黄河为主题创作的音乐作品，体悟黄河的生态价值和精神价值

续表

教学内容	教师活动	学生活动	专业暗线
体行践悟 中国共产党是中国精神的忠实继承者和坚定弘扬者	（1）VR实景参观：带领学生参观"人民治黄成就"篇章，同步开展学生团队微讲解。引发思考：中国人遇到困难时想到的一定不是逃避； （2）邀请点评小组进行点评； （3）总结凝练：一百年的非凡奋斗历程中，一代又一代中国共产党人顽强拼搏、不懈奋斗，涌现了一大批视死如归的革命烈士、一大批顽强奋斗的英雄人物、一大批忘我奉献的先进模范，形成了以伟大建党精神为源头的中国共产党人精神谱系，为中国特色社会主义伟大实践提供了精神支撑和精神引领	（1）微讲解小组成员同步进行讲解，其他同学感受中国共产党带领人民治理黄河的创新实干精神，认识到伟大建党精神的时代价值； （2）点评团成员进行点评； （3）思考并认识：中国共产党人在遇到困难时想到的为什么一定不是逃避？中国共产党人在遇到困难时想到的一定不是逃避，而是创新求变，应对自如，这就是中国精神中所蕴含的勇于变革、勇于创新，永不僵化、永不停滞的昂扬精神状态。认识到中国共产党是中国精神的忠实继承者和坚定弘扬者	全面了解黄河治理的历史，增强生态保护意识和专业使命感
要点剖析 实现中国梦必须弘扬中国精神	（1）观看视频《黄河入海流——黄河流域生态保护和高质量发展不断推进》，认识到中国精神的时代价值：凝聚兴国强国的磅礴伟力、激发创新创造的精神动力、推进复兴伟业的精神支柱； （2）数据分析：黄河水一直都是"黄"的吗？看历年中国河流泥沙公报，黄河下游含沙量出现断崖式下跌，这主要归功于黄河治理几代人的不懈努力。深刻认识到要弘扬以爱国主义为核心的民族精神的重大意义； （3）问题互动："黄河变形记"如何实现？筑梯田、修堤坝，退耕还林还草，黄土高原变绿了，黄河水也逐渐变清了。黄河变化充分体现了以改革创新为核心的时代精神	（1）了解十八大以来黄河流域生态保护和高质量发展的成果，理解中国精神的时代价值； （2）在"黄河不黄"的思考中，认识到几代治沙人的爱国情怀； （3）在黄河不仅不黄，黄河两岸还在变绿的生动实践中，体会以改革创新为核心的时代精神	深入了解新时代黄河治理的战略部署和实践策略，提升未来职业的责任感和使命感，认识到接续努力的重要性

续表

教学内容	教师活动	学生活动	专业暗线
总结凝练 课程小结	（1）教师总结：黄河是一部流动的民族史，是中华儿女的家谱，九曲黄河永远长盛不衰的生命，正如这强盛不衰的中华民族； （2）提炼中国精神的丰富内涵和时代价值	将课堂知识内化于心，转化成弘扬中国精神的动力	认识到专业的重要性，黄河流域生态环境保护影响全流域高质量发展

课后拓展

教学内容	教师活动	学生活动	专业暗线
拓展提升 古运河"环境规划师" （必做）	（1）教师发布学习平台章节测试并查看测试结果； （2）指导学生结合未来的工作岗位，以小组为单位，模拟古运河"环境规划师"制作一份环境治理与环境设计海报作品，通过实践将学生对中国精神的感性认识转化为理性认知，巩固课中所学知识点	（1）完成平台测试； （2）以"黄河文化与中国精神"为题撰写一小段心得体会； （3）小组作业：以古运河"环境规划师"的身份为运河的生态保护设计一份宣传海报	以专业角度关注身边的古运河，增强环境保护意识和文化传承意识
拓展学习 （选做）	推荐观看山东卫视《黄河文化大会》	观看相关节目并进行深度思考	全面了解黄河文化，增强专业认知和专业自信

教学评价

在教学过程中注重学生的深度学习情况，坚持过程性评价与结果性评价相结合，学生互评与教师评价相结合。以教学目标达成度为首要标准，以主题任务的完成度为重要指标，以情感价值认同度为素质目标，综合考察、评价学生学习效果。

案例3：寻青春意义 创造有价值的人生

课程基本情况

课程名称：思想道德与法治

授课内容:树立正确的人生观、创造有意义的人生

单元课时:2课时

教学对象:古建筑工程技术专业一年级学生

授课形式:线上线下混合式教学

教材选用:《思想道德与法治》(高等教育出版社,2023年版)

教学目标

通过与本专业相关的人物故事,帮助学生了解积极进取的人生态度包含的主要内容;在日常生活和职业生涯中能够用积极进取的人生态度引导自身行为;用马克思主义理论、观点和方法分析问题,解决问题,自觉抵制错误的人生态度、人生追求和价值取向对自己的影响;能够辩证地看待人生矛盾,树立正确的幸福观、得失观、苦乐观、顺逆观、生死观、荣辱观;能够树立正确的人生目标,找准职业定位,努力在"与历史同向、与祖国同行、与人民同在"的实践中成就出彩人生。

教学重难点

(1)教学重点:积极进取的人生态度

(2)教学难点:人生价值的评价与实现、辩证对待人生矛盾

教学方法(策略)

任务驱动法、案例教学法、情境教学法

专业暗线

(1)根据学生的专业特点,以专业历史故事和人物事迹为线索,通过师生互动动态跟踪学生的专业自信状态;通过专业领域朋辈榜样——世界技能大赛砌筑项目冠军梁智滨的励志人生,激励学生在专业道路上勤学苦练,并将职业与人生相结合,辩证看待人生矛盾,增强专业使命感。

(2)用与专业相关的物理材料隐喻人生态度,拉近与学生未来岗位的距离。通过实践活动,创作和传播古建筑蕴藏的人物故事作品,激发专业学习的内生动力。

教学过程设计（思路和要点）

课前准备

教学内容	教师活动	学生活动	专业暗线
明确目标 正确的人生观	（1）了解学情； （2）通过"学习通"划分小组，并布置课前汇报任务"听古建筑讲故事"； （3）选定教学建筑坐标，框定主题词； （4）指导学生制作主题微视频并进行公益实践	（1）完成学习通平台教学资源相关任务点； （2）搜集网络资料，观看相关视频，整理微视频制作的思路； （3）挖掘古建筑资源中关于梦想的故事或者人物，对人生目的有初步认知	与专业历史和人物形成关联，挖掘古建筑资源中关于梦想的故事或者人物

课中实施

教学内容	教师活动	学生活动	专业暗线
情感体悟 在情感共鸣中感受正确的人生观	（1）组织小组同学进行作业的展示和汇报； （2）记录各组同学的表现，发现存在的问题，为后面的教学做好准备； （3）引导学生根据各小组的表现客观公正地进行评分； （4）教师对各小组的表现进行点评	（1）由小组代表进行作业汇报； （2）其他同学做好记录，为互评和讨论做好准备； （3）参与互动评分，在比较中取长补短，修改完善	通过学生讲述与专业相关的历史和人物故事，观察学生的专业自信状态，为后期增值评价做准备
游戏体验 引入积极人生态度的树立	（1）心理游戏导入：准备石子、沙子和水，让学生把这些都塞进瓶子里； （2）引导学生认识到积极的态度对事情结果的影响	学生在轻松的氛围中体会人生态度的影响	用与专业相关的材料隐喻人生态度，拉近与学生未来岗位的距离

续表

教学内容	教师活动	学生活动	专业暗线
思考探讨 人生态度的形成，剖析积极人生态度的要求	（1）热词引入，导入"躺平"这一主题； （2）思考：青年能否选择"躺平"； （3）"学习通"生成热词，总结"躺平"的内在原因； （4）榜样指引：世界技能大赛砌筑项目冠军梁智滨的励志人生； （5）直面困惑："躺平"是个人选择，就想"躺平"行不行？"引导学生认识到暂时的挫折不应阻碍我们通往光明未来的脚步，意识到当前时代机遇的可贵； （6）引导学生认识到青年在推动国家发展中的作用和意义	（1）参与学习通讨论：你是否会选择"躺平"？ （2）参与课堂讨论：谈谈你对"躺平"的认识； （3）分析"无所谓型躺平"和"受挫畏难型躺平"产生的原因； （4）在理论指引下，认识到事物的发展是曲折前进的，要把握机遇，化危为机，将个人发展寓于时代发展大浪潮中； （5）结合梁智滨的案例，思考应该树立什么样的人生态度	通过世界技能大赛砌筑项目冠军梁智滨的励志人生，激励学生在专业道路上勤学苦练，让中国的建筑走向世界
互动探索 古今对话，辩证对待人生矛盾	（1）结合古今建筑坐标及常书鸿、樊锦诗等人物案例，引导学生对人生目的在人生观中的核心地位进行思考； （2）引导学生辩证对待人生矛盾	（1）分析案例，树立正确的得失观、苦乐观、顺逆观、生死观、荣辱观； （2）深入思考人生态度对人生价值实现的影响	将职业与人生相结合，辩证看待人生矛盾，增强专业使命感
课堂辨析 树立积极的人生态度	主题辩论：新时代是否还需要培养吃苦精神	讨论观点，总结发言，认识到新时代依旧需要迎难而上，艰苦奋斗	以奋斗的姿态做好适应岗位需要的准备
价值内化 树立积极的人生观	案例分享："争气桥"——南京长江大桥建造的故事	通过VR技术沉浸式感受"争气桥"的精神力量，树立积极的人生观	感受依靠专业自力更生建大桥的精神力量，激发专业学习内驱力
实践提升 在理解理论的基础上二次创作	引导小组开展互动讨论，引导学生凝练特色，突出奋斗的人生主题	结合对积极人生态度的认识，深入挖掘古建筑故事，让作品体现国家奋斗的历史、个人奋斗的热血	通过实践加强学生对古建筑以及专业背后人生故事的体会，建立专业自信

课后拓展

教学内容	教师活动	学生活动	专业暗线
外化于行"遗失的建筑"	（1）布置学生完成学习通平台上的课后讨论；（2）将创作的故事、作品推广宣传	（1）完成课后讨论；（2）通过自媒体分享比较完善的古建筑故事和人物作品	让学生在实践中深化对专业技术价值的理解，树立正确的人生观，不断提升专业素养

教学评价

在教学过程中注重学生的深度学习情况，坚持过程性评价与结果性评价相结合，学生互评与教师评价相结合。以教学目标达成度为首要标准，以主题任务的完成度为重要指标，以情感价值认同度为素质目标，综合考察、评价学生学习效果。

第三节 情感化："专业明线＋思政暗线"的专业课程教学设计

"情感"既是高职院校课程"素质目标"的重要组成，是静态的要求；又是课程目标的生成方法，是动态的过程。专业课程教师在实施课程思政的过程中经常会为了达成思想政治教育目标使用"硬植入"的方式，将专业课程异化为"思政课程"，普遍采用"引入案例＋提出问题＋理论要点"的方式直接输入思想政治教育要求，没有从情感认同上捕捉教育契机，无法真正做到"润物细无声"。所以，为了更好地落实思政课程与课程思政协同育人的要求，特别是发挥"如盐化水"的隐性教育作用，一方面，教师要善于使用能够引发学生情感共鸣的案例故事、对比数据等思想政治教育素材；另一方面，教师也要善于设置情境，找准感情突破口开展思想政治教育。

高职院校开设的每一个专业都和国家经济社会发展息息相关，每一个专业、每一门课程都有着自己宝贵的发展历史，都会有各自独特的人物故事，都离不开人文和思政元素。专业课程教师可以加强与专业和课程有关的史料分析、劳模案例、中外对比、技术革新等素材，在原课程内容基础上进行课程思政的"二次开发",在自然而然的渗透中实现完整的三维课程目标。

案例1:关税业务的"前世今生"

课程基本情况

课程名称:经济法基础

授课内容:关税业务(理论模块)

单元课时:2课时

教学对象:大数据与财务管理专业一年级学生

授课形式:线上线下混合式教学

教材选用:《经济法基础与实务》(东北财经大学出版社,2022版)

教学目标

掌握关税的基本法规知识、关税的征税对象、纳税人,理解关税税率,熟悉关税的相关优惠政策,掌握关税完税价格的确定方法,掌握关税征收管理的相关规定和纳税申报流程,理解关税的立法精神;能够正确判定关税纳税人及征税对象,根据业务资料正确计算应纳关税税额,熟练选择具体适用税率和优惠政策,熟练按照纳税申报流程办理关税的日常纳税申报工作;具备较好的沟通合作能力和分析解决实际问题的能力;树立依法纳税意识,深刻理解"税收取之于民,用之于民",养成良好的职业道德和职业操守,爱岗敬业,坚持不做假账,诚信纳税,理解我国关税的税收意义,增强民族自信心和自豪感。

教学重难点

(1)教学重点:关税征收的意义、关境与国境的区别

(2)教学难点:关税应纳税额的计算

教学方法(策略)

案例教学法、角色扮演法、头脑风暴法

思政暗线

引入关税在中国的历史与发展,让学生理解关税是中国历史文化遗产的重要组成部分,在维护国家权益、保护民族经济、世界贸易交流中发挥重要作用,增强学生的历史意识和民族意识;理解关税征税范围,区分关境与国境的区别,增强国家主权意识,厚植爱国情怀;明确关税的征税对象及纳税人,帮助学生树立依法纳税意识,深刻理解"税收取之于民,用之于民",使学生意识到每个纳税人都与国家民族的命运息息相关。引入世界贸易组织(WTO)、亚

太贸易协定、"一带一路"等世界贸易合作路径,使学生理解中国在促进世界共同发展、实现共同繁荣过程中作出的巨大贡献。

教学过程设计(思路和要点)

课前准备

教学内容	教师活动	学生活动	专业暗线
明确目标 关税业务	(1)教师在QQ群中发布任务,学生以小组为单位收集"中国关税的历史"相关资料; (2)在学习通平台上传"海关红色档案故事:关税自主之路"供学生参考	(1)以小组为单位制作汇报PPT,教师点评与学生互评相结合遴选优秀作品; (2)学生提前了解关税的由来、引发学生对关税作用的思考	关税是中国历史文化遗产的重要组成部分

课中实施

教学内容	教师活动	学生活动	思政暗线
课前热身 理解财税新闻	课堂前五分钟:以常规性活动"财税新闻"热身	每节课2~3名学生,每人用1分钟分享一条最近的财税新闻	引导学生养成关注国内外财税政策变化的良好习惯
小组汇报 关税的历史	遴选出优秀小组进行"关税历史"的PPT汇报。教师结合学生汇报回顾关税的悠久历史,引导学生认识到关税是中国历史文化遗产的重要组成部分,在维护国家权益、保护民族经济、世界贸易交流中发挥重要作用。增强学生的历史意识和民族意识	优秀小组开展"关税历史"的PPT汇报,思考关税的历史意义	引入关税在中国的历史与发展,让学生理解关税是中国历史文化遗产的重要组成部分,在维护国家权益、保护民族经济、世界贸易交流中发挥重要作用
案例分析 国境与关境的区别	教师通过"全球新冠疫情暴发期间瑞士防疫物资遭遇拦截"等案例讲解国境与关境的区别	学生学习关税征税范围,理清关境与国境的区别	增强国家主权意识和爱国情怀

续表

教学内容	教师活动	学生活动	思政暗线
角色扮演 关税的征税对象、纳税人	讲解关税的征税对象、纳税人。采用角色扮演法，让学生分组进行模拟海关征税时的情境，引入生活中经常遇到的情况；如邮递物品、旅客携带行李物品、跨境电商商品，满足关税征税范围就要自觉依法纳税	学生分组，模拟海关征税时的情境，沉浸式理解相关概念	树立依法纳税意识，深刻理解"税收取之于民，用之于民"。每个纳税人都与国家民族的命运息息相关，深刻理解依法纳税的重要性
互动探讨 关税优惠政策	引入疫情防控期间，支持企业复工复产的临时性税费优惠政策（如对捐赠的用于疫情防控的进口物资，免征进口关税和进口环节增值税、消费税等）	通过真实案例让学生理解关税优惠政策的意义	深刻理解"以人民为中心"的发展理念
头脑风暴 关税税率	通过介绍世界贸易组织（WTO），引导学生了解加入WTO进口税的前后变化。在介绍进口关税税率时，进一步介绍亚太贸易协定、"一带一路"等世界贸易合作路径，组织学生运用头脑风暴法分析讨论关税在以上政策和途径中发挥的重要作用	（1）学生运用头脑风暴法分析关税政策的重要作用； （2）尝试计算关税税率	深刻理解"人类命运共同体"的发展理念

课后拓展

教学内容	教师活动	学生活动	思政暗线
辨析提升 关税征收的意义	（1）在学习通平台发布《中华人民共和国关税法》自学资料； （2）2023年12月13日，外交部发言人毛宁指出，中美经贸合作的本质是互利共赢，贸易战、关税战没有赢家。如何理解这句话？引导学生一方面正确理解关税的专业知识，另一方面能从国家主权和利益的角度深刻理解关税征收的意义	（1）利用学习通平台开展自学； （2）以小组为单位开展主题讨论，撰写500字左右的报告	理解《中华人民共和国关税法》在"落实税收法定原则，推进高水平对外开放"中的意义；坚决维护国家主权和国家利益，保护纳税人合法权益

教学评价

通过情境评价、自我评价、相互评价、测试评价相结合的方式考察教学目标的三个维度达成情况。以设计标准化量表的形式开展课程建设性评价、教学形成性评价和学生发展性评价。

案例2：神奇的摩尔斯码

课程基本情况

课程名称：物联网初级应用

课程性质：专业拓展课

授课内容：Arduino电子系统搭建

单元课时：2课时

教学对象：物联网技术专业二年级学生

教材选用：物联网技术实践（校本教材）

教学目标

了解编码技术的发展历史、特点和使用场合，理解摩尔斯码的结构、实现方法和技术误区；学会字母的摩尔斯编码方法，掌握使用光、声音等方式表示摩尔斯编码；深化使命和初心认知，铭记历史，弘扬家国情怀；养成严谨做事、规范操作、精益求精的职业道德和工匠精神。

教学重难点

（1）教学重点：使用动画与实操演示方式解锁摩尔斯码的结构，尤其是码元的时间间隔设计方法。

（2）教学难点：使用实操对比方式突出摩尔斯码的时序（嘀嗒间隔），同时利用不同例子实现摩尔斯码的不同展现方式（声音、灯光、文字等）。

教学方法（策略）

案例教学法、演示法、实践教学法、发现教学法

思政暗线

以"永不消逝的电波"的声音、故事以及奇妙的原理为思政暗线，激发学生的爱国主义情感，连接摩尔斯码的历史和现在。通过讲解编码技术的历史、特点和使用场合为切入点，追溯历史，理解中国共产党人的初心与使命。通过

对技术演变的讲授,让学生学会用发展的眼光看待问题。摩尔斯电码是一种神奇而有趣的密码,它不仅是一种通信方式,也是一种文化遗产。

教学过程设计(思路和要点)

课前准备

教学内容	教师活动	学生活动	思政暗线
明确目标 摩尔斯码的结构和形式	通过学习通平台观看《永不消逝的电波》,提升对学习内容的神秘感,吸引学生学习兴趣	观看《永不消逝的电波》,初步接触学习内容	引导学生牢记历史,不忘使命

课中实施

教学内容	教师活动	学生活动	思政暗线
情境导入 什么是摩尔斯码	通过《永不消逝的电波》的视频情节开始导入新课,讲解摩尔斯码的历史、特点和使用场合	从《永不消逝的电波》片段中接触摩尔斯码,举一反三,思考使用场景	重温中国革命史片段,汲取接续奋斗的精神力量
演示讲解 摩尔斯码的结构	通过案例演示法,讲解摩尔斯码中时序要求,介绍5种编码状态和状态时长间隔(重点)	学生观看对比演示,理解摩尔斯码5种时序结构	(1)运用对比法,通过正确与错误的摩尔斯码对比让学生掌握重难点,养成科学、严谨的学习与工作态度; (2)模拟发报,让学生沉浸式体验革命战争年代地下工作者的艰辛
对比思考 摩尔斯码的表现形式	(1)详细介绍摩尔斯码表现形式的多样性。通过对比演示,加强对摩尔斯码结构和时序(难点)的理解; (2)演示内容:SOS信号表示(声音、灯光、文字等形式);电影《风声》展现的摩尔斯码形式	学生仔细观察摩尔斯码的多样化表现形式,能进行对比思考	(1)利用爱国主义题材的电影展现共产党人的智慧和对革命事业的忠诚,激发学生的崇敬之情; (2)通过案例对比提高学生观察能力和思辨能力,引入科学辩证法中的"事物矛盾规律",锻炼学生去伪存真的判别能力; (3)培养学生树立友爱互助的价值观

续表

教学内容	教师活动	学生活动	思政暗线
实践操作 摩尔斯码的实践操作	（1）编程设计一个使用LED发送SOS摩尔斯码的实例操作，强化对课程教学内容的理解； （2）操作要求：元器件选型正确，电路搭建工艺规范；程序结构完整，编写正确、调试方法得当	学生在老师指导下分组完成实践操作	（1）通过同组学生角色扮演，提高团队的互助、协作能力； （2）通过实践环节的精准操作，培养工匠精神
总结凝练	总结摩尔斯码的特点、使用方法和使用场合： （1）摩尔斯码是一种数字化编码； （2）摩尔斯码通过点、划和点划间的间隔来进行编码； （3）摩尔斯码有多种展现形态	学生构建知识体系，形成思维导图	

课后拓展

教学内容	教师活动	学生活动	思政暗线
学以致用 实践提升	（1）完成一份基础性作业，即敲击出自己姓名拼音（首字母）的摩尔斯码，并将视频上传学习通平台； （2）学有余力的学生结合社会热点设计一个日常生活中使用的摩尔斯码案例，进一步提高技术应用能力	全体学生完成基础性作业；部分学生完成提高性作业	养成关注社会热点的习惯，将专业技能与经济社会发展相结合

教学评价

通过情境评价、自我评价、相互评价、测试评价相结合的方式考察教学目标的三个维度达成情况。以设计标准化量表的形式开展课程建设性评价、教学形成性评价和学生发展性评价。

案例3：点燃创新的火花：小吸管窥探大世界

课程基本情况

课程名称：创新思维与创业实务

课程性质：公共基础课

授课内容：创新思维概念、特征与方法

单元课时：2课时

教学对象：市场营销专业一年级学生

教材选用：《创新思维与创业实务》（上海交通大学出版社，2021版）

教学目标

掌握创新思维的概念，理解创新思维的特征；掌握思维定势的概念、思维定势的类型，能够辩证地看待思维定势；掌握四种基本的创新思维方法，培养良好的创新思维习惯，能够应用创新思维方法解决实际问题；熟练掌握思维导图工具，提升发散思维和逻辑思维能力；通过丰富的案例教学，深刻理解"创新是企业家精神的本质"，增强创新意识和创新能力，增强对中国企业创新发展的信心。

教学重难点

（1）教学重点：创新思维的特征、创新思维的方法

（2）教学难点：辩证地看待思维定势、创新思维方法的应用

教学方法（策略）

案例教学法、实践教学法

思政暗线

课程以世界闻名的饮用吸管生产企业"双童"公司为主线，将被忽视的"吸管"引入创新思维的概念理解和创新思维方法的训练中，以小吸管窥见大世界。从学习形式上，鼓励团队协作，增强学生的团队合作意识，培养辩证思维；从案例选择上，注重渗透我国中小企业发展的创新能力、环保意识、世界眼光等思政元素，帮助学生理解"创新是一个民族进步的灵魂，是企业家精神的本质""中小企业是国民经济快速增长的重要支持力量"，增强学生对国内中小企业创新发展的信心。

教学过程设计(思路和要点)

课前准备

教学内容	教师活动	学生活动	思政暗线
明确目标 掌握创新思维的特征与方法	以团队为单位,设计一款创意吸管	先观察生活中使用的吸管,再进行团队合作,填写"一款创意吸管"任务单	增强团队协作意识

课中实施

教学内容	教师活动	学生活动	思政暗线
情境导入 创新思维的概念	(1)邀请学生分享"一款创意吸管"的创新点,引入创新思维的概念; (2)创新思维的概念:以新颖独创的方法解决问题的思维过程	学生以团队为单位分享"一款创意吸管"的创新点	深刻理解"创新无处不在"
案例分析 创新思维的特征	从学生设计的创意吸管,结合世界上最大的饮用吸管生产企业"双童"公司案例讲解创新思维的求实性、批判性、连贯性、灵活性、跳跃性、综合性特征	学生结合"双童"公司可供双人共饮的"爱心吸管"、让宝宝吃药不再困难的"哈哈吸管"、改变吸管体验方式的"卡通吸管"等案例,理解创新思维的特征	深刻理解"创新是企业家精神的本质",增强学生对国内中小企业创新发展的信心
互动探讨 思维定势的概念与特征	(1)师生互动:在设计"一款创意吸管"时,有哪些思维习惯在不知不觉影响着创新? (2)从材质的角度,分享"双童"研发的聚乳酸生物质可降解吸管、可食用淀粉吸管、纸质吸管、不锈钢吸管、玻璃吸管,引入"思维定势"的话题,讲解思维定势的概念	学生回答: 吸管的形状一定是直的吗? 吸管的材质一定是塑料的吗? 吸管一定是用来喝饮料的吗? ……	树立环保意识,发展绿色经济

续表

教学内容	教师活动	学生活动	思政暗线
理论辨析 辩证看待思维定势	辩题：思维定势利大于弊还是弊大于利	学生分为两组，各自为自己的辩题进行论证，在深度研讨中辩证地看待思维定势	培养辩证思维
案例分析 思维定势的类型	请学生列举思维定势的场景，讲解习惯型、书本型、权威型、从众型、自我中心型思维定势	学生列举生活中出现思维定势的场景，理解思维定势的各种类型	培养辩证、严谨的思维习惯
情境模拟 创新思维的方法	（1）以"吸管"为主题，进行发散思维、逆向思维、联想思维、组合思维的讲解和训练； （2）在发散思维部分介绍"思维导图"工具（要求学生以小组为单位，以参加中国义乌国际小商品博览会为情境，设置"吸管展览"主题，并用思维导图列出展览方案）	学生以小组为单位，结合中国义乌国际小商品博览会特点，从不同的思维方向和逻辑，展示展览方案	（1）中国义乌国际小商品博览会是助推中小企业走向世界的平台，深刻理解"中小企业是国民经济快速增长的重要支撑力量"； （2）增强团队合作意识
总结凝练	用思维导图形式呈现课程内容	形成本单元各知识点的逻辑框架	深刻理解"思维是地球上最美丽的花朵"

课后拓展

教学内容	教师活动	学生活动	思政暗线
巩固提高 （必做）	（1）在学习通上发布知识点复习题库，要求学生进行巩固练习； （2）在讨论区发布实践作业，要求学生运用组合思维设计一款文具	完成学习通上的知识点复习题，每人运用组合思维设计一款文具，并上传至学习通讨论区	深刻理解"创新无处不在""人人都能创新"
影视欣赏 （选做）	推荐以"双童"公司创始人为原型拍摄的电视剧《鸡毛飞上天》，了解义乌改革发展30多年曲折而又辉煌的历程	观看《鸡毛飞上天》，对创新创业有更加感性的认识	诚信是商业的基石，勤奋是成功的阶梯

教学评价

通过情境评价、自我评价、相互评价、测试评价相结合的方式考察教学目标的三个维度达成情况。以设计标准化量表的形式开展课程建设性评价、教学形成性评价和学生发展性评价。

案例4：解密网络攻击技术 守护网络空间安全

课程基本情况

课程名称：网络安全技术

课程性质：专业核心课

授课内容：网络攻击技术（一）

单元课时：2课时

教学对象：计算机网络技术专业二年级学生

教材选用：网络安全技术（上海交通大学出版社，2023版）

教学目标

理解和掌握网络攻击的概念、网络攻击的类型；了解TCP/IP协议及TCP/IP分层模型；熟悉网络攻击的常见形式；形成自主学习、团结协作、创新创业等基本能力；认清网络安全形势，理解和树立总体国家安全观；理性面对数字化时代给网络安全行业带来的全新机遇和挑战，能够利用专业知识和技能分析和解决实际问题，形成较好的规则意识和法治思维；养成关注网络安全时事的良好习惯，增强保障网络安全的使命感和责任感。

教学重难点

（1）教学重点：网络攻击的概念

（2）教学难点：网络攻击的常见形式

教学方法（策略）

案例教学法、小组讨论法

思政暗线

通过经典案例引入和分析，引导学生理解"没有网络安全就没有国家安全"的深刻内涵，能够时刻保持清醒的头脑，树立和贯彻总体国家安全观，增强职业责任感和使命感；通过小组讨论和人物故事分享，引导学生主动关注和研判网络安全形势，辩证看待网络安全相关职业，厚植家国情怀，激扬奋进力量；通过知识拓展，帮助学生全面认识未来职业场景，牢固树立终身学习理念,提高创新能力和心理韧性,培养规则意识和法治思维,践行工匠精神,提高岗位适应能力。

教学过程设计(思路和要点)

课前准备

教学内容	教师活动	学生活动	思政暗线
明确目标 掌握网络攻击的概念和形式	通过学习通发布预习任务:(1)观看《新闻联播》中关于"西北工业大学遭受美国NSA网络攻击调查报告"的视频;(2)查阅资料,收集影响力较大的网络攻击事件	学生观看视频,利用网络资源收集近期网络攻击事件	初步理解"没有网络安全就没有国家安全"

课中实施

教学内容	教师活动	学生活动	思政暗线
案例导入 西北工业大学遭受网络攻击	(1)组织学生开展"时事播报":每次上课选择2个小组分享近期关注的网络攻击事件;(2)案例概要:西北工业大学遭受美国NSA网络攻击	2个小组分别派代表分享近期关注的网络攻击事件	认清严峻的网络安全形势,网络安全威胁加速向工业设施、家居设备等渗透,提升专业学习的责任感和使命感
讲授新知 网络攻击的概念	(1)讲解网络攻击概述:① 一种是指攻击仅仅发生在入侵行为完成,且入侵者已在目标网络中;②另一种是指可能使网络系统受到破坏的所有行为。(2)组织小组讨论:从各种攻击事件看,攻击者为什么要攻击网络系统?(3)梳理小组讨论结果,小结攻击网络系统的5个主要目的:①获取超级用户权限;②获取所需信息;③篡改、删除或暴露数据资料;④利用系统资源,对其他目标进行攻击、发布虚假信息、占用存储空间等;⑤占满服务器的所有服务线程或网络带宽,使其瘫痪	(1)开展小组讨论:从各种攻击事件看,攻击者攻击网络系统的目的有哪些?(2)系统理解关于网络攻击的概念	透过现象看本质,深刻理解网络安全的重要意义,直接关系到国家、集体、个人安全和利益

续表

教学内容	教师活动	学生活动	思政暗线
案例分析 网络攻击的类型	（1）案例解读：西北工业大学遭受美国NSA网络攻击调查报告；（2）讲解网络攻击的基本特征；（3）网络攻击分为主动攻击和被动攻击两类：①主动攻击，主动攻击一般可以分为中断、篡改和伪造3种类型；②被动攻击，被动攻击一般可以分为窃听和流量分析两种类型	开展小组讨论：从各种攻击事件看，网络攻击有哪些种类	网络安全事件隐蔽性强、破坏性大。深刻理解"保障网络空间安全就是保障国家主权"的内涵，厚植家国情怀，砥砺强国之志
知识拓展 网络协议	补充讲解：TCP/IP协议及TCP/IP分层模型	学生掌握最常见的"网络协议"的构成和作用	遵守规则是维护安全的基础。着力培养学生的规则意识和法治思维
对比分析 网络攻击的常见形式	（1）对比"2023年全球十大网络安全事件"，小组研讨网络攻击的常见形式有哪些？（2）结合案例详细讲解：网络攻击的常见形式。包括口令窃取、欺骗攻击、漏洞攻击、恶意代码攻击、拒绝服务攻击等；（3）人物故事：守护国家网络安全的"漏洞猎人"龚广	（1）开展小组讨论：网络攻击的形式有哪些？（2）思考：如何看待"安全卫士"的工作？（3）理解和掌握网络攻击的常见形式	"为了挖掘一个漏洞而付出的努力往往超乎常人的想象。"网络攻击形式多样多变，风险防范需要紧跟技术发展持续创新、坚持不懈、越挫越勇。担当"安全卫士"需要树立终身学习理念，弘扬工匠精神
总结凝练	（1）网络攻击的概念；（2）网络攻击的类型；（3）网络攻击的常见形式	学生构建知识体系，形成思维导图	网络安全技术使用是一项有攻有防的工作，攻防相克也相生。着力培养学生的辩证思维

课后拓展

教学内容	教师活动	学生活动	思政暗线
课后拓展	通过学习通平台阅读《2024人工智能安全报告》,参与讨论:人工智能将会如何影响网络安全	学生在学习通平台参与讨论	人工智能时代网络安全无处不在,网络攻击技术针对的场景多样。能够从总体国家安全观的高度提高警惕,防范风险

教学评价

通过情境评价、自我评价、相互评价、测试评价相结合的方式考察教学目标的三个维度达成情况。以设计标准化量表的形式开展课程建设性评价、教学形成性评价和学生发展性评价。

参考文献

领导人著作及重要文献

［1］毛泽东选集（第1卷）［M］.北京：人民出版社，1991.

［2］毛泽东选集（第3卷）［M］.北京：人民出版社，1991.

［3］胡锦涛致信中国青年群英会强调：全面建设小康社会的历史任务需要青年们奋勇承担 中华民族伟大复兴的光明前景需要青年们奋力开创［N］.人民日报，2007-05-05.

［4］习近平.顺应时代前进潮流 促进世界和平发展［N］.人民日报，2013-03-24.

［5］习近平.胸怀大局把握大势着眼大事 努力把宣传思想工作做得更好［N］.人民日报，2013-08-21.

［6］习近平.做党和人民满意的好老师：同北京师范大学师生代表座谈时的讲话［N］.人民日报，2014-09-10.

［7］习近平在哲学社会科学工作座谈会上的讲话［N］.人民日报，2016-05-17.

［8］习近平.为建设世界科技强国而奋斗：在全国科技创新大会、两院院士大会、中国科协第九次全国代表大会上的讲话［N］.新华社，2016-05-30.

［9］习近平.全面贯彻落实党的教育方针 努力把我国基础教育越办越好［N］.人民日报，2016-09-10.

［10］习近平.把思想政治工作贯穿教育教学全过程 开创我国高等教育事业发展新局面［N］.人民日报，2016-12-09.

［11］习近平回信勉励第三届中国"互联网+"大学生创新创业大赛"青年红色筑梦之旅"的大学生［N］.人民日报，2017-08-16.

［12］习近平在中国共产党第十九次全国代表大会上的报告［N］.人民日报，2017-10-28.

［13］习近平在北京大学师生座谈会上的讲话［N］.人民日报，2018-05-03.

［14］习近平.坚持中国特色社会主义教育发展道路 培养德智体美劳全面发

展的社会主义建设者和接班人[N].人民日报,2018-09-11.

[15]习近平.思政课是落实立德树人根本任务的关键课程[J].求是,2020(17).

[16]习近平谈治国理政(第三卷)[M].北京:外文出版社,2020.

[17]习近平.思政课是落实立德树人根本任务的关键课程[J].求是,2020(17).

[18]习近平.用好红色资源,传承好红色基因,把红色江山代代传下去[J].求是,2021(10).

[19]习近平在中国人民大学考察时强调:坚持党的领导传承红色基因扎根中国大地 走出一条建设中国特色世界一流大学新路[N].人民日报,2021-04-26.

[20]陈云文选(第1卷)[M].北京:人民出版社,1995.

[21]中共中央关于教育体制改革的决定[J].宁夏教育,1985(07).

[22]国务院批转《国家教育委员会关于改革和发展成人教育的决定》的通知[J].中华人民共和国国务院公报,1987(18).

[23]国务院关于大力发展职业技术教育的决定[J].中华人民共和国国务院公报,1991(36).

[24]国务院办公厅转发国家教委关于进一步的改革和发展成人高等教育意见的通知[J].中华人民共和国国务院公报,1993(03).

[25]国务院关于《中国教育改革和发展纲要》的实施意见[J].中华人民共和国国务院公报,1994(16).

[26]中华人民共和国职业教育法[J].中华人民共和国国务院公报,1996(16).

[27]面向二十一世纪深化职业教育教学改革的原则意见[J].中国职业技术教育,1998(03).

[28]国务院批转教育部面向21世纪教育振兴行动计划的通知[J].中华人民共和国国务院公报,1999(02).

[29]教育部、国家计委关于印发《试行按新的管理模式和运行机制举办高等职业技术教育的实施意见》的通知[J].教育部政报,1999(Z1).

[30]中共中央、国务院关于深化教育改革全面推进素质教育的决定[J].中华人民共和国国务院公报,1999(21).

[31]国务院办公厅关于国务院授权省、自治区、直辖市人民政府审批设立高等职业学校有关问题的通知[J].中华人民共和国国务院公报,2000(07).

[32]教育部关于印发《教育部关于加强高职高专教育人才培养工作的意见》的通知[J].教育部政报,2000(05).

［33］国务院关于大力推进职业教育改革与发展的决定［J］.中华人民共和国国务院公报,2002(29).

［34］国务院批转教育部2003—2007年教育振兴行动计划的通知［J］.中华人民共和国教育部公报,2004(04).

［35］教育部关于以就业为导向深化高等职业教育改革的若干意见［J］.中国职业技术教育,2004(19).

［36］国务院关于大力发展职业教育的决定［J］.中华人民共和国国务院公报,2005(35).

［37］教育部关于充分发挥行业指导作用 推进职业教育改革发展的意见［J］.中华人民共和国国务院公报,2012(02).

［38］教育部关于推进高等职业教育改革创新引领职业教育科学发展的若干意见［J］.中华人民共和国国务院公报,2012(11).

［39］教育部关于印发《国家教育事业发展第十二个五年规划》的通知［J］.中华人民共和国国务院公报,2012(28).

［40］严格执法,公正司法(2014年1月7日)//十八大以来重要文献选编(上)［G］.北京:中央文献出版社,2014.

［41］教育部等六部门关于印发《现代职业教育体系建设规划(2014—2020年)》的通知［EB/OL］.http://www.moe.gov.cn/srcsite/A03/moe_1892/moe_630/201406/t20140623_170737.html.2014-6-23.

［42］教育部思想政治工作司.加强和改进大学生思想政治教育重要文献选编(1978—2014)［G］.北京:知识产权出版社,2015.

［43］沿用好办法 改进老办法 探索新办法［N］.人民日报,2016-12-11.

［44］"大思政课"我们要善用之［N］.人民日报,2021-03-07.

［45］本书编写组.中华人民共和国学校思想政治理论课重要文献选编(上、下册)［G］.北京:人民出版社,2022.

［46］中华人民共和国职业教育法［EB/OL］.https://www.gov.cn/xinwen/2022-04/21/content_5686375.htm.2022-04-21.

［47］中共中央办公厅、国务院办公厅印发《关于深化现代职业教育体系建设改革的意见》［J］.中华人民共和国教育部公报,2023(Z1).

参考著作

［48］［巴西］保罗·弗莱雷.被压迫者的教育学［M］.顾建新,等译.上海:华东师范大学出版社,2001.

［49］白显良.隐性思想政治教育基本理论研究［M］.北京:人民出版社,

2019.

［50］班华.现代德育论［M］.合肥：安徽人民出版社，1996.

［51］包利民.生命与逻各斯：希腊伦理思想史论［M］.北京：东方出版社，1996.

［52］本书编写组.思想政治教育学原理（第二版）［M］.北京：高等教育出版社，2018.

［53］陈万柏，张耀灿.思想政治教育学原理［M］.北京：高等教育出版社，2015.

［54］［德］赫尔曼·哈肯.协同学导论［M］.张继岳，译.西安：西北大学科研处，1981.

［55］范国睿.教育生态学［M］.北京：人民教育出版社，2019.

［56］冯平.评价论［M］.北京：东方出版社，1995.

［57］顾明远.教育大辞典（增订合编本）［M］.上海：上海教育出版社，1998.

［58］［古希腊］亚里士多德.尼各马可伦理学［M］.苗力田，译.北京：中国社会科学出版社，1999.

［59］郝文武.教育哲学［M］.北京：人民教育出版社，2006.

［60］胡守棻.德育原理［M］.北京：北京师范大学出版社，1989.

［61］华东师范大学教育系.西方古代教育论著选［M］.北京：人民教育出版社，1985.

［62］教育部基础教育司.中小学德育工作指南实施手册［M］.北京：教育科学出版社，2017.

［63］金生鈜.规训与教化［M］.北京：教育科学出版社，2004.

［64］阚雅玲名师工作室.课程思政探索与实践［M］.广东：广东高等教育出版社，2021.

［65］柯孔标.浙江省中小学学科德育指导纲要［M］.杭州：浙江教育出版社，2018.

［66］刘英杰.中国教育大事典［M］.杭州：浙江教育出版社，1993.

［67］鲁洁，王逢贤.德育新论［M］.南京：江苏教育出版社，2004.

［68］M. Dallaire.Contemplation in Liberation［M］.New York：Edwin Mellen Press，2001.

［69］［美］Eric Margolis.高等教育中的潜在课程［M］.薛晓华，译.上海：华东师范大学出版社，2005.

［70］［美］阿·布律迈尔.裴斯泰洛齐文集（第1卷）［M］.尹德新，等译.北京：教育科学出版社，1994.

[71][美]阿尔文·托夫勒.权力的转移[M].吴迎春,傅凌,译.北京:中信出版社,2006.

[72][美]多尔,[澳]高夫.课程愿景[M].张文军,等译.北京:教育科学出版社,2004.

[73][美]克劳迪娅·戈尔丁,等.教育和技术的赛跑[M].上海:格致出版社,2023.

[74][美]马斯洛.存在心理学探索[M].李文浙,译.昆明:云南人民出版社,1987.

[75][美]约翰·杜威.民主主义与教育[M].王承绪,译.北京:人民教育出版社,2001.

[76][美]约翰·富兰克林·博比特.课程[M].刘幸,译.北京:教育科学出版社,2017.

[77]任钟印.西方近代教育论著选[M].北京:人民教育出版社,2001.

[78]上海市教育委员会教学研究室编著.上海市中小学劳动技术学科德育教学指导意见[M].上海:华东师范大学出版社,2021.

[79]沈嘉祺.初等教育德育论[M].上海:华东师范大学出版社,2017.

[80]檀传宝,等.德育原理[M].北京:北京大学出版社,2020.

[81]万伟.课程的力量:学校课程规划设计与实施[M].上海:华东师范大学出版社,2017.

[82]王桂林.高校课程思政育人体系的整体性与协同性研究[M].北京:人民出版社,2023.

[83]韦恩·霍姆斯,等.教育中的人工智能:前景与启示[M].冯建超,等译.上海:华东师范大学出版社,2021.

[84]吴元训.中世纪教育文选[M].北京:人民教育出版社,1989.

[85]徐国庆.职业教育课程论[M].2版.上海:华东师范大学出版社,2015.

[86]许瑞芳,等.大中小学思政课一体化建设年度发展报告(2022)[M].上海:华东师范大学出版社,2022.

[87]叶澜.教育概论[M].北京:人民教育出版社,1991.

[88]詹万生.整体构建德育体系总论[M].北京:教育科学出版社,2001.

[89]张立,等.思政课程与课程思政协同育人研究[M].北京:中国社会科学出版社,2023.

[90]郑永廷,等.思想政治教育学原理(第二版)[M].北京:高等教育出版社,2018.

[91]钟启泉.课程论[M].北京:教育科学出版社,2007.

［92］宗爱东.课程思政：一场深刻的改革［M］.上海：上海人民出版社,2022.

报刊文献等

［93］陈洁瑾.高职院校创业教育隐性课程开发初探［J］.无锡商业职业技术学院学报,2011(04).

［94］陈洁瑾.高职院校课程思政的愿景与范式建构［J］.中学政治教学参考,2022(03).

［95］陈洁瑾.高职院校课程思政评价体系的构建研究［J］.现代商贸工业,2024(03).

［96］陈洁瑾.人文关怀：高职院校辅导员工作的价值取向［J］.武汉电力职业技术学院学报,2011(04).

［97］陈洁瑾.现代学徒制：兼顾人的职业生存与人格生成［J］.常州信息职业技术学院学报,2019(03).

［98］陈洁瑾,江增光.基于计量可视分析的课程思政研究综述［J］.南宁职业技术学院学报,2022(01).

［99］陈洁瑾,薛艳.高职教育变革与辅导员发展的适应性［J］.江苏社会科学,2012(S1).

［100］冯刚,曾永平."思想政治工作"与"思想政治教育"概念辨析［J］.思想理论教育,2018(01).

［101］冯建军.课程育人的机制［J］.北京教育(普教版),2021(06).

［102］高德毅,宗爱东.从思政课程到课程思政：从战略高度构建高校思想政治教育课程体系［J］.中国高等教育,2017(01).

［103］高树仁,郑佳,曹茂甲.课程育人的历史逻辑、本质属性与教育进路［J］.中国大学教学,2022(Z1).

［104］高永红,邓娟.博物馆隐性思政育人功能释读［J］.黑河学刊,2022(04).

［105］葛卫华.厘定与贯连：论学科德育与课程思政的关系［J］.中国高等教育,2017(Z3).

［106］宫维明."课程思政"的内在意涵与建设路径探析［J］.思想政治课研究,2018(06).

［107］过筱,石伟平.改革开放40年我国职业教育德育政策的演变与特点［J］.教育与职业,2019(03).

［108］郭彦雯.以人为本,激励学生自我实现：马斯洛人本主义心理学对高校

思想政治教育的启示[J].山东省青年管理干部学院学报,2008(06).

[109] 郝志军,王鑫.加快形成中国特色高质量教材体系：习近平总书记关于教育的重要论述学习研究之三[J].教育研究,2022(03).

[110] 黄艳,成黎明.高校思想政治理论课70年建设历程及启示：以党和政府印发的系列重要政策文件为视角[J].文化软实力,2020(01).

[111] 井文,程豪.改革开放40年我国职业教育目标演变的检视与反思[J].职业教育研究,2019(02).

[112] 黎庶乐.生态文明建设与构建人类命运共同体[N].光明日报,2018-06-04.

[113] 李政涛.人工智能时代的人文主义教育宣言：解读《反思教育：向"全球共同利益"的理念转变》[J].现代远程教育研究,2017(05).

[114] 李志河,忻慧敏,王孙禹,等.教学学术的学术本质及其发展路径[J].现代教育管理,2020(06).

[115] 廖宇婧,李银霞.新中国成立以来高校思想政治理论课设置的历史沿革及其启示[J].黑龙江高教研究,2012(11).

[116] 凌逾.面向21世纪的自我管理教育[J].青年探索,1999(02).

[117] 刘建军,梁祯婕.论思想政治理论课教学的问题意识[J].马克思主义理论学科研究,2021(01).

[118] 穆葆慧,孙佳明.基于CIPP模型的高校"青马工程"育人能力评价指标体系研究[J].学校党建与思想教育,2021(06).

[119] 彭彩霞.解读"课程"：从既定的跑道到权力的竞技场[J].当代教育科学,2010(05).

[120] 邱伟光.课程思政的价值意蕴与生成路径[J].思想理论教育,2017(07).

[121] 石仲泉.马克思主义和中国化马克思主义理论[N].天津日报,2018-04-23.

[122] 檀传宝.道德教育的边界：道德教育与相关概念的关系[J].中国德育,2006(11).

[123] 王丹阳.大学生思想政治教育分众化研究[D].上海：华东师范大学,2022.

[124] 王烨晖,边玉芳.课程评价模型的理论建构与实证分析[J].教育学报,2015(05).

[125] 吴康宁.教会选择：面向21世纪的我国学校道德教育的必由之路：基于社会学的反思[J].华东师范大学学报(教育科学版),1999(03).

[126]谢翌,程雯,李亚培,等.基于学习体验的过程性课程评价[J].课程·教材·教法,2021(05).

[127]徐青.价值理性的本真与建构[J].河南师范大学学报(哲学社会科学版),2017(04).

[128]许祥云,王佳佳.高校课程思政综合评价指标体系构建:基于CIPP评价模式的理论框架[J].高校教育管理,2022(01).

[129]谢维和.陶行知先生留下的"作业":立德树人的逻辑与实践研究之一[J].人民教育,2017(07).

[130]杨金铎.中国高等院校"课程思政"建设研究[D].长春:吉林大学,2021.

[131]殷娴,严育洪.优化任务情境设计中的数学呈现方式[J].辽宁教育,2021(23).

[132]张弛.关注人的生存、生长与生成:现代职业教育目的解析[J].中国职业技术教育,2012(36).

[133]张合营.共生竞存与互动循环:高校思想政治教育生态构建的诠释[J].广西社会科学,2011(12).

[134]张婷.高校博物馆思想政治教育功能探析[D].徐州:中国矿业大学,2018.

[135]张玉芹.学前教育要重视人格与行为习惯的培养[J].人民教育,2021(12).

[136]赵继伟."课程思政":涵义、理论、问题与对策[J].湖北经济学院学报,2019(02).

[137]赵雪薇.变与不变:中国共产党思想政治教育目标百年回望[J].南宁职业技术学院学报,2021(05).

[138]郑富芝.尺寸教材悠悠国事:全面落实教材建设国家事权[J].人民教育,2020(02).

[139]朱晓彤.苏霍姆林斯基:《给教师的建议》阅读启思[J].齐齐哈尔师范高等专科学校学报,2021(03).

[140]朱再英,周海涛."跑道""奔跑"与"跑的艺术":论课程的三种隐喻与教师课程能力发展的关系[J].当代教育科学,2016(17).

[141]朱正贵.赫尔巴特的教学论及其历史命运[J].西北师大学报(社会科学版),1984(03).

[142]祖嘉合.略论德育和思想政治教育的适度区分[J].思想教育研究,2011(02).